改訂版

1日1分

読むだけで身につく

お金大全

100

株式会社Money&You ／ ファイナンシャルプランナー

頼藤太希・高山一恵

自由国民社

お金持ちとは？

"お金持ち"

　この言葉をみて、みなさんはどのような人を思い浮かべますか？
　「ケチ」「奢るのが好き」「高級車に乗っている」「ビジネスクラスに乗っている」
「高級料理店で高級ワインを飲んでいる」「ハンバーガーが好き」「寄附が好き」「投
資が好き」「不動産を持っている」「ビジネスを持っている」「意外とモノにこだわっ
ていない」……。

　みなさんが思い浮かべるお金持ちは、おそらくすべて正解です。
　お金持ちだからと言って、みんながみんなケチではないし、みんながみんなハイ
クラスの生活や消費をしているわけではないからです。

　なお、「お金持ち＝収入が高い人」というイメージがあると思いますが、お金持ち
の定義としてよく使われるのが「純資産額（資産から負債を差し引いた額）」です。
　野村総合研究所によれば、純資産額が5億円以上を「超富裕層」、純資産額が
1億円以上5億円未満を「富裕層」、純資産額が5,000万円以上1億円未満を「準
富裕層」、純資産額が3,000万円以上5,000万円未満を「アッパーマス層」、純
資産額が3,000万円未満を「マス層」と定義しています。
　つまり、収入がいくら高くても純資産額が少なければお金持ちではないとみなさ
れるわけです。

　同研究所によれば、2021年時点で、超富裕層は9.0万世帯（全体の0.2%）、富
裕層は139.5万世帯（全体の2.6%）、準富裕層は325.4万世帯（全体の6.0%）、アッパー
マス層は726.3万世帯（全体の13.4%）、マス層は4,213.2万世帯（全体の77.8%）となっ
ています。

　純資産額からみれば、3,000万円以上あるとお金持ちの入り口に立ったと言え
そうです。

とはいえ、お金持ちの定義は果たしてこれで良いのか一考したいところです。

今一度考えたいのが、そもそも、みなさんがお金持ちに憧れる理由はなんでしょうか?

その主な理由は、「時間にもお金にもゆとりがある暮らし」ができるからではないでしょうか。そして、「何かしよう」「これから〜したい」と思ったときに、時間やお金が原因でその選択肢が減らされないようにすることではないでしょうか。

生活に不自由なく、やりたいことがやれるくらいのお金があれば、それは「お金持ち」と言ってもよいのではないかと最近考えています。

お金は使うもの。単なる手段です。使いたいときに使えるお金があれば、それは立派なお金持ちではないでしょうか。これは私の「お金持ち」の定義です。

弊社に訪れるお客様の中には、資産や収入の状況から「THEお金持ち」という方もいらっしゃいます。世間からみれば派手な暮らしをしている人もいれば、質素な暮らしをしている人もいます。生活状況は人それぞれです。

そして、お金持ちと言っても、プチリッチから超リッチまで幅広くいます。

お金持ちのレベルに差はありますが、実はお金持ちには共通しているルールがあります。

それは、**お金の基本を押さえて、お金が自動的に貯まるしくみを作り、それぞれのお金の使い方の価値基準に合わせてお金を使う**、ということです。

「なんだそんなことか」と思うかもしれませんが、お金持ちになるためのルールはシンプルなのです。

「宝くじ・相続」「リスクを取ってビジネスや資産運用で成功」などでお金持ちになっている人もいますが、これらは一握りですし再現性が低いです。

誰もがお金持ちを目指せる方法は、お金の基本を実践するというシンプルなルールしかありません。

本当に価値のあるお金の情報に接するためには?

　さて、お金の基本といっても、世の中には情報が溢れています。

　書籍はもちろん、Web記事、YouTube、Twitterなど無料でお金の情報を得られる時代です。

　多くの方がお金の情報に触れ、知識を持つ人が増えていくのは喜ばしいことです。

　ただ、本書を手に取っていただいたみなさんには、確かなもので、鮮度がよく、裏付けされたお金の情報をつかんでもらいたいと思います。

　それを見分けるには、情報を発信する人が、どういった経歴なのか、どういった実績があるのか、どういった背景や根拠で言っているのか、実際に実践をしているのかという点に注目することが大切です。

　私も共著者の高山一恵さんも、貯蓄、投資、節税、保険、キャッシュレスなど自身でバリバリ実践をしています。投資はiDeCo・NISAはもちろん、日本株、米国株、ETF、不動産投資、金投資、FX、仮想通貨など幅広く実践しています。

　そして、生活に不自由なく、やりたいことがやれるくらいのお金は充分にありますので、私の定義で言えば、私も高山さんもお金持ちと言えます。

　もちろん、最初からお金持ちだったわけではなく、お金の基本を愚直に実践してきたことの結果です。

　私はファイナンシャルプランナーとして、今まで講演や相談を通して7,000人以上にお金の知識を伝えてきました。また、月間400万人が訪れるマネーサイト『Mocha(モカ)』やチャンネル登録者1万人超のYouTube番組『Money&You

TV』を運営し、情報発信を続けています。

　本書では、それらの膨大なノウハウから、お金の基本、マネープラン、家計管理、節約、節税、iDeCo、NISA、ふるさと納税、キャッシュレス決済、保険、給付金・手当、投資までお金の教養として身につけるべき100項目を厳選しました。

　また、「1分読めば身につく」ということにこだわり、できる限りコンパクトにまとめました。本書を読み直すときのために短い時間で振り返れるよう「10秒チェック」も入れております。

　お金持ちになるのは、簡単です。お金の基本を行動に移すだけ。

　今から始めるのが遅いなんてことはありません。残りの人生で今この瞬間が一番若いのです。人生を変えるなら、今です。

　お金の知性が、人生を変える。

＊　＊　＊

　本書を執筆するにあたり、編集をご担当いただいた自由国民社の三田智朗さんには心から感謝いたします。実は三田さんは高校の同級生であり、サッカー部で切磋琢磨していた戦友です。一緒にこの本を生み出せて嬉しく思います。また、執筆サポートをしてくれた畠山憲一さんには心から感謝いたします。そして、いつも私を支えてくれている株式会社Money&Youのメンバー、仕事仲間、家族、友人、知人にもこの場を借りてお礼を申し上げます。

　本書が、皆様のお役に立つことを心より願っています。

2023年5月吉日　頼藤 太希・高山 一恵

1日1分 読むだけで身につく
お金大全 100 改訂版

も く じ

【お金に関するコラム その2】

第3章

1分でわかる！ 税金・社会保険の基本

第4章

1分でわかる！ お金の貯め方の基本 …………… 99

第5章

1分でわかる！ お金の使い方の基本 …………… 123

第6章

1分でわかる! 備え方の基本 ･･･････････････････ 149

第7章

1分でわかる！お金の増やし方の基本 …………… 185

第8章

1分でわかる！投資商品の基本 ………………………… 217

第9章

1分でわかる！ お金のメンタルとQ&A 247

本書は身近なお金にまつわる情報を100項目厳選して掲載しています。最初から通して読んでも、気になる項目を拾い読みしてもかまいません。繰り返し目を通すことで、知識の向上にお役立て下さい。

① 100項目の通しナンバーです。

② お金に関する情報の解説本文です。忙しい人のために「1分」でわかりやすくエッセンスを紹介しています。

③ さらにわかりやすく図版やイラストを使って説明しています。楽しみながら読んでください。

④ 各項目の答えや要点をまとめました。時間がないときや素早くポイントをつかみたいときに読んでください。

⑤ 各章末にコラムを入れました。息抜きの読み物としてお楽しみください。

第1章

1分でわかる！
これから必要な
お金の基本

お金を貯めたり増やしたりするにはまず、
人生におけるお金の出入りの総額を把握することが重要です。
この章では、毎月の支出の把握からライフプラン、
マネープランの策定まで、
お金について俯瞰してみる方法を解説します。

貯める

001 ⏱1分 minute

毎月どのくらいお金が かかっているの？

やりくりって
ホント大変なのよ

　毎月の生活にどのくらいのお金がかかっているか、把握していますか？もちろん、家族の人数や住むところなどによってばらばらなのですが、ここでは全体の平均をみてみましょう。

　総務省のデータによると、1世帯当たりの1か月間の支出の平均は、**二人以上の世帯で約29.1万円、単身世帯で約16.2万円**となっています。

　細かくみてみると、住居費が安いと思われるでしょう。これは、持ち家などで住居費がかからない人がいるためです。住宅ローンを返済している人の返済金額も含まれていません。ですから、住宅ローンを返済している場合や賃貸住宅にお住まいの場合は、さらにお金がかかります。

　また、人生にはこのほかにもさまざまな**ライフイベントによる費用**がかかります。そのうえ、入院や介護が必要な場合の費用や冠婚葬祭などの特別支出も、含まれていません。お金で困らないようにするには、これらの費用も含めて貯蓄する必要があるのです。

1世帯当たり1か月間の支出の平均

	二人以上の世帯	単身世帯
食料	77,474	39,069
住居	**18,645**	**23,300**
光熱・水道	24,522	13,098
家具・家事用品	12,121	5,487
被服及び履物	9,106	5,047
保健医療	14,705	7,384
交通・通信	41,396	19,303
教育	11,436	0
教養娯楽	26,642	17,993
その他の消費支出	**54,817**	**31,071**
消費支出	**290,865**	**161,752**

（総務省統計局「家計調査報告」2022年より作成）　　　（単位：円）

意外と住居費は少なめ

調査対象の中で家賃を払っている人が少ない（二人以上世帯13.5%・単身世帯37.7%）ため、金額が少なくなっている。賃貸の家賃は場所や間取りで大きく異なるが、全国の家賃の平均は55,388円。住宅ローン返済額も含まれない。

（全国賃貸管理ビジネス協会「全国家賃動向」2023年1月）

他の支出もこんなに

理美容サービス、小遣い、交際費、仕送り金などが含まれる。

10秒チェック！

収入をすべて支出に使っていると、これからは苦しくなります。まずは「何に」「いくら」使っているかをしっかりと把握しましょう。

振り返りポイント

貯める

002 ①分 minute

人生にはどのくらい お金がかかるの？

あらやだ、いったいいくらかかるのかしら……

　人生にはお金のかかるさまざまなライフイベントがあります。

　とくに、**教育費・住宅費・老後資金は「人生の三大資金」**です。

　教育費は公立か私立、習い事の数などで変わりますが、仮に大学まで進学する場合、子ども一人あたり1,000〜2,500万円は必要です。

　住宅費は住む地域や物件によって変わりますが、自宅を購入するならば住宅ローンを借りて、数十年にわたって返済するのが一般的。賃貸住まいであれば、老後も家賃が必要です。

　そして老後資金は、年金だけでは足りません。総務省「家計調査報告」（2022年）によると、**老後の生活費は夫婦世帯で月2.2万円、シングル世帯で2万円不足する計算**。仮にこれが65歳から95歳まで30年間続き、さらに医療費や介護などもしものお金を1人500万円見込んだとすると、**夫婦で約1,800万円、シングルでも約1,300万円は用意しておく必要**があります。

　人により老後にかかる金額は異なりますが、間違いないのは、これらのお金を自助努力で用意する必要がある、ということです。

ライフイベントには何かとお金がかかる

結婚

371.3万円

結婚式はもちろん、
結婚後の新生活にもお金がかかる

出産

52.4万円

お金はかかるが
自治体からの費用助成も多い（6章）

住宅購入

2,000～4,000万円

人生で一番大きな買い物。場所・広さ・
建物に加え、頭金の有無でも総額は変わる

教育資金

1,000～2,500万円

幼稚園～高校まで公立、大学は私立文系の
場合、およそ1,200万円必要に

老後資金

1,300～1,800万円

年金があっても夫婦世帯は毎月2.2万円、
単身世帯は2万円不足

親の介護

月8.3万円

介護の期間は平均61.1か月なので、
単純計算すると約507万円

振り返り
ポイント

◀◀◀ 10秒チェック！ ▶▶▶

子供が一人いる世帯だと、およそ4,000～7,000万円
かかります。とくに住宅購入資金や老後資金は毎月の生
活費とは別で用意する必要があります。

貯める

003 ①分 minute

みんなお金を
どれくらい
貯めているの？

人の貯金って気になるのよね

金融広報中央委員会が、単身世帯と二人以上世帯の金融資産保有額（貯蓄額）を年代別にまとめたのが右の表です。平均と今の貯蓄額を比べると、平均より少ない人のほうが多いのではないでしょうか。

しかし、平均は金額の合計を人数で割った金額ですから、一部のお金持ちが大きく引き上げてしまいます。そのため、実態に即していない金額になりがちです。そこで、全体の真ん中の人が貯めている金額となる「中央値」をみると、平均とはずいぶん差があることがわかります。貯蓄の実態は、中央値のほうが近いでしょう。ただし、中央値も貯蓄ゼロの人が多いと少なくなりますので、分布図で確認することが大事です。

わかっていただきたいのは、どの年代にも貯蓄1,000万円以上の世帯がある一方で、貯蓄ゼロの世帯もあるということ。お金を貯められない人がいる一方で、貯められている人もいるという実態です。つまり、**年収の多少は関係なく、お金は貯められる**ということです。

いつまでにいくら必要かを把握し、お金を確実に貯める仕組みを構築すれば、**誰もがお金を貯められる**ようになります。

貯蓄の「平均」と「中央値」は大違い

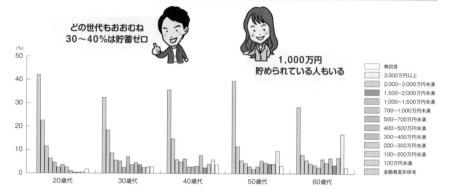

単身世帯

年代	20代	30代	40代	50代	60代
平均	176万円	494万円	657万円	1,048万円	1,388万円
中央値	20万円	75万円	53万円	53万円	300万円

どの世代もおおむね
30〜40％は貯蓄ゼロ

1,000万円
貯められている人もいる

凡例：
- 無回答
- 3,000万円以上
- 2,000〜3,000万円未満
- 1,500〜2,000万円未満
- 1,000〜1,500万円未満
- 700〜1,000万円未満
- 500〜700万円未満
- 400〜500万円未満
- 300〜400万円未満
- 200〜300万円未満
- 100〜200万円未満
- 100万円未満
- 金融資産非保有

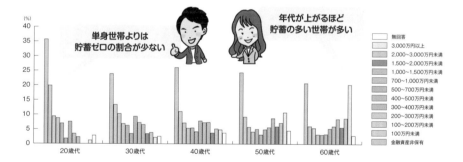

二人以上世帯

年代	20代	30代	40代	50代	60代
平均	214万円	526万円	825万円	1,253万円	1,819万円
中央値	44万円	200万円	250万円	350万円	700万円

単身世帯よりは
貯蓄ゼロの割合が少ない

年代が上がるほど
貯蓄の多い世帯が多い

凡例：
- 無回答
- 3,000万円以上
- 2,000〜3,000万円未満
- 1,500〜2,000万円未満
- 1,000〜1,500万円未満
- 700〜1,000万円未満
- 500〜700万円未満
- 400〜500万円未満
- 300〜400万円未満
- 200〜300万円未満
- 100〜200万円未満
- 100万円未満
- 金融資産非保有

10秒チェック！

どの年代でも1,000万円以上貯めている人がいます。
「なんのために」「いくら」貯めるのか明確にしましょう！

振り返り
ポイント

貯める

004

マジかぁー

給与は上がりにくいって本当？

　日本人の平均給与は443万円。多いと思われるでしょうか。それとも少ないでしょうか。世界的に不況に陥った2008年の「リーマン・ショック」によって405万円まで下がった2009年よりはいくらか増えています。しかし、2021年になっても、平均給与の額はまだ2000年の水準を回復していないことがわかります。ちなみに、男性の平均給与は545万円、女性の平均は302万円です。また、正規雇用者の平均は508万円、非正規雇用者の平均は197万円。平均給与には、男女差や雇用形態の差もあるのです。

　しかも、仮に給与が2倍になっても、手取りは2倍になりません。右下は年収300〜2,000万円まで、年収が10万円増えるごとの手取り額を示したグラフです。年収が上がるごとにとくに所得税が大きく増えます。所得税の税率は「累進課税」といって、所得に応じて5〜45％まで、段階的に増えるためです。

　つまり、給与は上がりにくいうえ、上がっても税金や社会保険料が高くなるため、手取りを増やすのは難しいのが日本の現状です。

平均給与と手取り額の現状

● 平均給与の推移（2000～2021年）

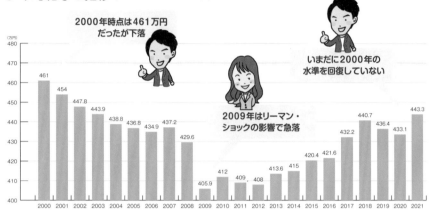

2000年時点は461万円
だったが下落

いまだに2000年の
水準を回復していない

2009年はリーマン・
ショックの影響で急落

（万円）
480
470
460
450
440
430
420
410
400

461　454　447.8　443.9　438.8　436.8　434.9　437.2　429.6　405.9　412　409　408　413.6　415　420.4　421.6　432.2　440.7　436.4　433.1　443.3

2000　2001　2002　2003　2004　2005　2006　2007　2008　2009　2010　2011　2012　2013　2014　2015　2016　2017　2018　2019　2020　2021

● 年収300～2,000万円までの手取り額の推移

年収が高くなるほど所得税の負担が大きい！

（万円）
2000

1500

1000

500

0

社会保険料
住民税
所得税
手取り

※所得控除は基礎控除と社会保険料控除のみで試算しています。

◀◀◀ **10秒チェック！** ▶▶▶

振り返り
ポイント

この20年で平均給与は上がっていません。手取りは所
得税・住民税・社会保険料によってさらに減っています。
今後も当面きびしい平均給与額が続くでしょう。

貯める

005 ⏱1分minute

退職金って
減ってるの？

長年働いて
これだけかぁ

　「退職金額の推移」によると、退職金制度を実施している企業は80.5%。従業員1,000人以上の企業であれば92.3%が実施している一方、30〜99人までの企業では77.6%と減っています。

　退職金の金額も減少傾向です。大学卒の場合、1997年には平均で2,871万円あった退職金が、20年後の2017年には1,788万円と、約1,080万円も減っています。高校卒の場合でも、近年の退職金が減少しています。

　一方、公務員は法律で退職金の支払いが規定されています。とはいえ、こちらも金額は不安定です。たとえば、国家公務員の場合、2015年度には約2,181万円あった退職金が、2018年度まで約4年かけて、約2,068万円に減少しています。2021年度にかけ多少持ち直しているものの、民間に合わせて再び減少することも十分に考えられます。

　2019年に「老後資金は2,000万円不足する」と話題になりました。**その老後資金も、退職金に頼ることはできなくなってくると考えられます。**

会社員・公務員の退職金額は減少傾向

● 一般企業の退職金額の推移

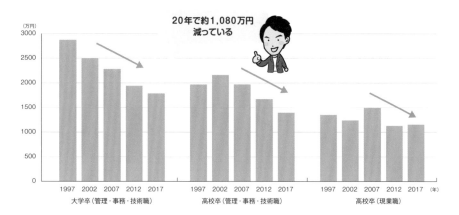

20年で約1,080万円
減っている

● 公務員の退職金額の推移（国家公務員）

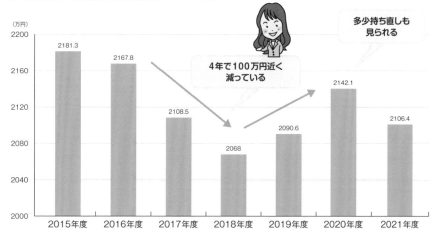

4年で100万円近く
減っている

多少持ち直しも
見られる

振り返り
ポイント

◀◀◀ **10秒チェック！** ▶▶▶

大卒の退職金の平均額は1997〜2017年までで約1,000万円減っています。公務員の退職金もゆるやかではあるものの、4年間で約100万円減っています。

006 ⏱1分 minute

「預貯金でお金を貯める
だけ」ではダメ？

お金って目減りするものなの？

コツコツ預貯金で貯蓄すれば大丈夫だと思われる方もいるかもしれません。しかし、物価が上がり、お金の価値が下がる**インフレ（インフレーション）が起こると、お金の価値は目減りしてしまいます。**

物価はじわじわと時間をかけて上昇しています。1993年時点、1キロあたり206円の小麦粉は、2013年には224円、2023年には322円と値上がり。このようにお金の価値は下がってきました。

たとえば、1個100円のりんごがあるとします。これが、インフレによって年1％値上がりした場合、5年後には105円になる計算です。しかし、貯金箱の100円は、5年後も100円のままですから、りんごは買えなくなります。お金を銀行に預けても年0.001％しか利息がつかないため、お金は増えず、りんごは買えなくなってしまいます。

インフレによるお金の目減りを防ぐには、物価上昇率以上に資産を増やしていく必要があります。もちろん、預貯金には元本変動がなく、すぐに引き出せるというメリットもあります。お金を増やすには、預貯金に加えて、投資が欠かせません。詳しくは7章・8章で改めてお話しします。

物価上昇はじわじわ起こる

● 30年前と今の物価の違い

品目	1993年 （30年前）	2013年3月 （10年前）	2023年3月
小麦粉 （1袋1kg）	206円 →	224円 →	322円
コーヒー1杯 （喫茶店）	397円 →	417円 →	543円
洗濯代 （Yシャツ1枚）	236円 →	227円 →	255円

● インフレ時代では預貯金だけだとお金が減る

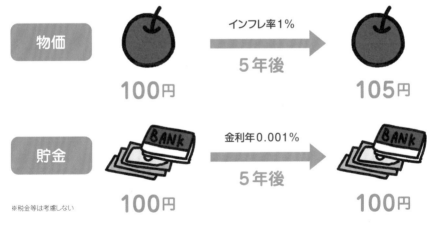

物価　100円　──インフレ率1％　5年後──▶　105円

貯金　100円　──金利年0.001％　5年後──▶　100円

※税金等は考慮しない

10秒チェック！

物価が上がってきています。しかし、預貯金をしていてもお金は増えないので、実質的にはお金が減るという状態になります。

振り返り
ポイント

備える

007 ①分

ライフプランって
どうたてるの？

30年後の
自分を
想像
してみよう

　みなさんの人生には、お金がいくら必要なのでしょうか。それを知るには、**これからの人生の予定や目標を描く必要があります。**　そこで、今後のライフプランを計画してみましょう。

　P16で教育、住宅、老後、と人生でお金のかかる3つのライフイベントを紹介しました。これに加えて、今後の予定や叶えたい夢、成し遂げたい目標などもライフイベントに追加して考えます。まずはそれをリストアップします。

　今後のライフプランが書き出せたら、右図のようなライフプラン表にまとめていきます。もちろん、これはあくまで予定ですので、あとで変更になっても大丈夫。同時期に複数のライフプランが重なる場合は、優先順位をつけて記載します。また、そのライフプランの実現にかかる費用も大まかに調べて書いておきましょう。

　ライフプラン表は20～30年分まとめて作成し、つど振り返って見直します。**予定・夢・目標に日付を入れ行動することで、その実現が近づきます。**

ライフプランを計画しよう

● ライフプランを作るメリット

- いつお金がかかるのか、貯めやすいのかがわかる
- 将来の大きな支出が見える化できるので、準備できる
- 人生の予定・夢・目標がはっきりする
- （家族世帯の場合）予定・夢・目標を共有できる

年号と家族の年齢を記載

おおよその金額を調べて記載

年	家族				予定・夢・目標	予算
	夫	妻	第1子	第2子		
2023	29歳	27歳			結婚	150万円
2024	30歳	28歳	予定でOK		車の購入	50万円
2025	31歳	29歳	0歳		第1子誕生	30万円
2026	32歳	30歳	1歳			
2027	33歳	31歳	2歳	0歳	第2子誕生	30万円
2028	34歳	32歳	3歳	1歳		
2029	35歳	33歳	4歳	2歳	妻、仕事復帰	
2030	36歳	34歳	5歳	3歳	マイホームを買う	200万円
2031	37歳	35歳	6歳	4歳	第1子小学校	20万円
2032	38歳	36歳	7歳	5歳	家族旅行	50万円
2033	39歳	37歳	8歳	6歳	第2子小学校	20万円

（以下、20〜30年分を作成）

パソコンがあるならエクセルで作っておくと便利

振り返りポイント

10秒チェック！

ライフプランは具体的に描きましょう。結婚、車の購入など詳細に書くことで、実現が近づき、お金を貯めることができます。

備える

008 ①分 minute

いつも
足りてないなぁ

うーむ

マネープランは
どうやってつくるの？

　これからの人生の予定・夢・目標がはっきりしてきたら、それを達成するのに必要な金額を知るために、ライフプランに基づいて「マネープラン」を作成します。

　大切なのは、**自分に必要な金額を「いつまでに」「どんな手段で」準備するか**です。

　まず、これからの人生にかかる費用を集計します。前ページで作成したライフプラン表の金額に、人生の三大資金やもしものときの費用を加えると、毎月の生活費以外に用意しなくてはならない金額がわかります。

　次に、これからお金をいくら貯められるのかを調べます。毎月の収入や支出をはっきりさせることで、毎月貯められる金額がわかります。

　これからの人生にかかる費用から、貯められる金額を引くと、不足する金額がわかります。この時点でお金が足りる（不足する金額がない）ならばいいのですが、多くの場合は足りないはず。**お金が足りなければ、足りない分をどうやって用意するか**を考えます。

マネープランの計算例

● 「かかる費用」と「いつまで」に準備すべきかを見える化する

老後の年数は
90歳まで生きた場合で
仮置きしてOK

（例）	金額	いつまでに
住宅購入（頭金）	300万円	5年後
教育	500万円	18年後
老後	2,000万円	35年後

（例）老後の収入で賄えない金額を計算する

老後の年間支出※1　　　老後の年間収入※2　　　　老後の年数

$$(\boxed{} - \boxed{}) \times \boxed{} \ 年$$

※1 老後の生活費は現在の生活費の7割で計算　※2 老後の収入はP178を参照

● どのように貯めるかを具体的に考え実行する

iDeCo・NISAの
制度を活用して
準備したい

（例）老後資金2,000万円を35年で準備する場合

- 毎月貯蓄で頑張る
  2,000万円÷35年÷12か月＝毎月 約4万8,000円 必要
- つみたてNISAやiDeCoで年3％で運用できた場合
  毎月 約2万7,000円 ずつ35年積み立てればOK
- 65歳以降も働いて必要な老後資金を少なくする
- 「年金の繰り下げ」で収入を増やし、必要な老後資金を少なくする
  年金の受給開始を65歳 ➡ 70歳にすると年金が42％増額
  年金の受給開始を65歳 ➡ 75歳にすると年金が84％増額

振り返り
ポイント

◀◀◀ 10秒チェック！ ▶▶▶

「あと何年でいくら貯めないといけないのか」を知ることか
らマネープランが始まります。毎月「いくら」「どのような
方法で」お金を貯めるかを決めたらあとは実行するのみ！

29

節約する　貯める　使う　備える　増やす

009 ⏱1分 minute

お金に困らないための基本戦略とは？

いままで無頓着すぎたのかな……

　人生にはお金がかかるにもかかわらず、給料が上がらず、退職金が減り、物価や税金が上がっていることを紹介しました。**こんな時代を生き抜くには、マネーリテラシーを身につけ、実践することが欠かせません。**

　マネーリテラシーとは、お金の知識・知性を身につけて、それを生かす能力のことです。マネーリテラシーが低いと、ライフプランに必要なお金を用意できなかったり、お金を無駄遣いしてしまったり、お金のことで騙されたりしてしまう危険性が高まります。

　本書では、マネーリテラシーの中から、お金に困らないために必要な「節約する」「貯める」「使う」「備える」「増やす」の5つの考え方を基本戦略として紹介します。

　もっとも、学ぶだけでは意味がありません。すぐに行動することこそが大切です。お金持ちは、学んだことをすぐに取り入れ実践しています。

5つの基本戦略を身につけよう

節約する

支出を減らすことで、
貯蓄・投資に回せるお金を
増やす

増やす

投資を学び、
自分のお金をじっくり、
堅実に増やしていく

マネーリテラシー

貯める

確実に貯める
仕組みを用いて、
お金を貯める体制を整える

備える

万が一のときにも
困らないよう、自治体の補助や
保険の制度を学ぶ

使う

お得な使い方、
無駄のない使い方、
満足できる使い方を身につける

◀◀◀ 10秒チェック! ▶▶▶

お金に困らない基本戦略は「節約する」「貯める」「使う」「備える」「増やす」の5つの考え方が基軸。それらを知ったら即実践しましょう。

振り返り
ポイント

お金に関するコラム

その1

「日本人がお金に弱い」のはなぜか?

　日本では昔から、「お金の話をするのはみっともない」という価値観が根強くあります。しかし、大人になってはじめてお金のことを知り、驚いたり困ったりした話もよく聞きます。子どものうちから学べるのがよいのですが、親や先生はお金のことを詳しく知らないので教わることも難しい状況です。

　1960〜80年代は、お金について学ぶ必要はありませんでした。景気がよかったため、銀行にお金を預けるだけで、預けたお金が年平均5％程度ずつ増えたからです。加えて、終身雇用で勤め上げれば、年功序列で給与が増えました。つまり、お金を学ばなくても、まじめに働き、預金すれば、明るい老後を迎えることができたのです。みなさんの中には、親などから「預金さえしておけばいい」と言われた経験のある方もいるでしょう。それは、こうした過去の経験が影響しているかもしれません。

　しかし、1990年代に入りバブル崩壊が起こると状況は一変します。景気が悪化したことで、銀行の金利もどんどん少なくなりました。2023年1月時点で、大手銀行の普通預金金利はわずか0.001％。加えて、1章でお話ししたように、給与は増えず、退職金も減り、税金や社会保険料の負担は増えています。

　そのうえ、日本の人口はすでに減少しています。総務省統計局「人口推計」（2023年1月報）によると、総人口に占める65歳以上の人口の割合は29.0％。また15歳未満の人口は1,445万人、1,500万人を割り込んでいます（2023年1月1日時点）。高齢者が増え、現役世代が減ると、年金の額が減ることも考えられます。

　こうした時代の中で、経済的に自立し、豊かな人生を送りたいなら、お金を学ぶことが欠かせません。

第2章

1分でわかる！
お金の節約の基本

お金を貯めるにはまず節約。
この章では、正確に支出を把握するだけでなく、
支出を分析して自動的に減らす方法や、
住宅費、通信費など固定費の節約のノウハウ、
さらに車や変動費など支出項目そのものを見直す方法を解説します。

010

1分 minute

さあ、貯金をはじめるぞ！ BANK

お金を貯めるためには、どうすればいいの？

　お金を貯める方法はいろいろありますが、突き詰めると3つしかありません。「収入を増やす」「支出を減らす」「お金自身に働いてもらう」の3つです。このうち、一番早く効果が出て誰もが簡単にできるのは、支出を減らすことです。とはいえ支出削減にも限界はあります。

　収入を増やすには、給与のアップや転職が考えられますが、すぐにできるものでもありません。また、支出が収入に合わせて増えるようだと、お金は貯められません。お金に働いてもらう投資には元手となる資金が必要ですし、増やすにはそれなりに時間がかかります。

　本書では、正しい投資との付き合い方を身につけていきますが、それより前に取り組むべきは支出の削減。なぜなら1万円減らせたら単純に1万円使えるお金が増える、効率のよい方法だからです。

　支出の削減は、まず支出を把握することからスタートします。さらに、税金の仕組みを知って、節税ができないかをチェックします。そうして浮くお金を把握したら、その金額を「先取り貯蓄」（P106）で貯めていくようにします。

最優先は支出の削減

支出を減らす

- 家計を見直す
- 無駄遣いを減らす
- 税金を節約する など

住居費、通信費、水道光熱費、保険など、うまく工夫して大きく減らそう！

お金自身に働いてもらう

- お金が増えるところに預ける（投資する）

支出を減らしてお金が貯まってきたらスタート。投資を始めよう！

収入を増やす

- 給料を上げる
- 給料の高い会社に転職
- 副業する など

収入のベースを上げるためには、転職やキャリアアップに向けてスキルを磨こう！

10秒チェック！

一番即効性があるのが「支出を減らす」こと！ 1万円浮かせることができれば、使えるお金が1万円増えます。

振り返りポイント

節約する

011

(1分 minute)

支出は
どうやって
チェックすればいいの？

うーむ

やだ、こんなに無駄遣いしてたのかしら？

　支出の大まかな傾向を把握するために、**1,000円単位**で集計しましょう。

　まず、買い物のレシートや領収書などを１か月分集めます。次にそれを「固定費」「食費・交際費」「その他」の３つに分けます。もし「その他」の金額が多いならもう少し細かく分けてもいいですが、あまり細かくすると面倒になるので、ざっくりでOKです。

　１か月分のレシート・領収書・カード明細・スマホ決済の購入履歴などが用意できたら、合計すれば毎月の支出がわかります。

　集計が終わったら、レシート等をもう一度見直し、必要な支出に〇、不要な支出に×、曖昧な支出に△をつけましょう。そして、**×の支出を減らすようにします**。×がなくなったら△も減らします。

　支出はこのような**支出削減の仕組みを作って守ることで、はじめて減**らせるのです。

かんたん家計簿を作ろう

❶ レシートや領収書を3つの費目に分けて封筒やクリアファイルに入れておく

レシート　領収書　→　**固定費**
→　**食事・交際費**
→　**その他**

❷ 1か月後に集計する

項目	合計
固定費	9万円
食事・交際費	5万5,000円
その他	4万8,000円

❸ レシートを見直して、支出を評価する

```
■■■■商店

お米      ××円  ○
雑誌      ××円  ×
ケーキ    ××円  △

         直感で評価しよう
```

○ … **必要な支出**
× … **不要な支出**
△ … **曖昧な支出**

次回から×（△）を減らすようにすれば支出が確実に減っていきます

◀◀◀ **10秒チェック！** ▶▶▶

レシートや領収書を「固定費」「食費・交際費」「その他」の3つに分けて、必要なものに○、不要なものに×、曖昧なものに△をつけましょう。×の次は△。だんだん楽しくなってきますよ。

振り返りポイント

節約する

012

(1分 minute)

「見える化」が
はじめの一歩！

発見！

他にできそうな
支出の把握の仕方は？

　支出の管理は、スマホの家計簿アプリでもできます。これなら、いつで
もどこでも支出を記録できます。

　家計簿・資産管理アプリのおすすめは「マネーフォワードME」。金
融機関のサービスと連携させると、お金の出入りを自動的に記録できます。
レシートを撮影して記録することも可能です。そして、記録した入出金の
履歴を自動で分類して表示してくれます。

　予算管理の機能もあります。毎月の貯蓄額の目標を設定すると、手取
りの月収からその貯蓄額を差し引いた残りの金額をもとにして、各支出に
予算を設定することができます。自分と似た人の貯蓄額や支出も参考に
できます。先に貯蓄分を取り分け、残った金額をやりくりして生活する考
え方は先取り貯蓄（P106）そのもの。この予算を守ることで無駄な支出
を抑えて、計画的にお金を貯めていくことができるので便利です。

　また、複数の証券口座を登録しておけば、株や投資信託といった金融
資産の金額もまとめて表示可能。自分の資産がどのくらい増えたのかを
チェックするのにも役立ちます。

マネーフォワードME

株式会社マネーフォワード

アプリ無料（有料版：月480円または年5,300円）

銀行・クレジットカード・証券会社など2,600ものサービスと連携可能

レシート撮影で支出をかんたんに入力

入出金の履歴が見られる

収入や支出を集計して家計簿を自動作成

● 無料版と有料版の主な機能比較

	無料版	有料版
データ閲覧可能期間	過去1年分	制限なし
連携可能なサービス数	4件まで	制限なし
連携口座の自動更新頻度	低い	高い
連携口座の一括更新	×	○
カードの残高表示	×	○
家計資産レポート	×	○
資産・負債の内訳・推移グラフ表示	×	○
ポイント・マイルの有効期限の表示・通知	×	○
カード引落し時の残高不足の通知	×	○

10秒チェック！

おすすめは「マネーフォワードME」！レシートを撮影し、金融機関と連携するだけで、家計簿がカンタンに作れます。資産の管理も楽ちんです。

振り返りポイント

39

節約する

013

節約は何から
取り組めばいいの？

先月は飲みすぎで
食費が30％超え！

　大切なのは、優先順位をつけて節約することです。**節約は固定費から行いましょう。**固定費とは、毎月決まって一定額発生する費用です。住居費、通信費、水道・光熱費、保険料、自動車費、その他年会費や月会費などが当てはまります。固定費は、金額が大きなものが多く、見直すだけで、効果が長続きします。固定費が削減できたら、次は**無駄遣い**。嗜好品や浪費を減らします。たとえば、カフェショップのコーヒーは1杯500円程度ですが、毎週3回通っていたらそれだけで月6,000円くらいの出費になってしまいます。

　無駄遣いも削減できたら、食費、交際費、お小遣い、趣味といった、毎月金額が変わる変動費の削減もしていきます。

　右にこれまでの相談事例などを基にした理想の支出割合を示しました。自分の支出割合と比べてください。多少の個人差はありますが、**もし理想の支出割合より大きく使い込んでいる費目があったら、そこは削減のポイント。**とくに固定費は、積極的に見直しを検討します。

節約は固定費を優先しよう

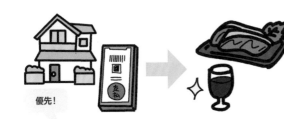

優先！

固定費	無駄遣い	変動費
毎月の支払額が決まっている費用。一度見直せば節約効果がずっと続く	毎日無意識に使ってしまうお金を減らす。嗜好品もほどほどに	やりくり次第で支払額が変わる費用。即効性はあるが長続きしにくい

● 手取り25万円・30万円・35万円・40万円の理想の支出割合

費目 ＼ 手取り	目安の割合	25万円	30万円	35万円	40万円
家賃	20〜30%	6.2万円	7.5万円	8.7万円	10.0万円
保険料	3〜5%	1.0万円	1.2万円	1.4万円	1.6万円
水道・光熱費	7〜9%	2.0万円	2.4万円	2.8万円	3.2万円
食費	15〜20%	4.5万円	5.4万円	6.3万円	7.2万円
交際費	7〜10%	2.0万円	2.4万円	2.8万円	3.2万円
被服費	5〜7%	1.5万円	1.8万円	2.1万円	2.4万円
教育費	5〜10%	1.8万円	2.1万円	2.5万円	2.8万円
雑費	3〜5%	1.0万円	1.2万円	1.4万円	1.6万円
貯蓄	15〜20%	5.0万円	6.0万円	7.0万円	8.0万円

※ (株)Money&Youが相談実績を元に目安を作成

◀◀◀ **10秒チェック！** ▶▶▶

毎月決まって一定額発生する固定費から減らしていきましょう。住居費、通信費、水道・光熱費、保険料など、いったん見直すだけで効果が長続きします。

振り返りポイント

014

(1分 minute)

住居費を減らすには
どうすればいいの？

実家暮らしだから
小金持ちなのだ♪

　昔はよく「住居費は月収の3分の1が目安」といわれました。最初は負担が大きくても、長く住むほどに給料が上がり負担が軽くなるので、それでもよかったのでしょう。しかし、**今は給料が上がらず、生活費がかさむ時代**です。

　家計に占める住居費の割合は、**手取り金額の20〜25％、首都圏在住でも最大30％**に抑えるのが理想。賃貸住まいならば、部屋のグレードを1つ下げ、安い部屋に引っ越すことを検討しましょう。リモートワークが進み、都市圏に住む必要性は少なくなってきています。また賃料の値引き交渉も大事です。5〜8月の閑散期は借り手がつきにくいため、人気エリア・物件でなければ値引き交渉ができる可能性があります。

　住宅を買い、住宅ローンを返済している方も、**借り換えで返済の負担を減らすことを考えましょう。** 借り換えとは、新しくより金利の低い住宅ローンを組んで、現在の住宅ローンを一括で返済することです。

住居費を抑えるには……

賃貸 家賃削減に取り組む

> リモートワークの普及で
> 削減しやすくなった

実家に住む	家賃がかからずに済むので、住居費を大きく減らすことができる
安い部屋に引っ越す	引っ越し代がかかったとしても、家賃が減るなら長く住むほどお得に
シェアハウスを活用	1つの住居に複数人で住んで生活。同エリアの物件より1〜2万円程度安い
3畳ワンルームに住む	都心の人気エリアの3畳一間を借りて住む。同エリアの物件より2〜3万円程度安い

住宅ローン 借り換えで返済額を減らす

> 諸費用が安くなっているため
> メリットが出やすい

3つの条件をすべて満たす場合、借り換えのメリットあり

❶ 住宅ローンの残債期間が10年以上
❷ ローン残高が1,000万円以上
❸ 現在の金利と借換え後の金利差が0.3%以上

◀◀◀ 10秒チェック！ ▶▶▶

昔と違って、給料は上がらず、生活費がかさむ時代です。住居費は手取り金額の20〜25%、首都圏でも30%までに抑えましょう。

振り返り
ポイント

節約する

015

1 minute 分

住宅は購入する？
それとも賃貸？

どっちも金額は
同じなのね……。
迷うなあ

うーむ

　住宅は購入すべきか、賃貸を続けるべきか。永遠のテーマともいわれますが、時代とともに考え方が少しずつ変わってきています。

　購入のメリットは、**老後の住まいが確保できる**ことです。住宅ローンが返済できれば、その後は住居費が不要になります。しかし、気軽に引っ越せなくなりますし、メンテナンス費用も必要です。

　対する賃貸のメリットは、**ライフスタイルに応じて住むエリアや間取りを変えられる**ことです。いつでも引っ越せますし、ローンも抱えません。しかし、老後を迎えても住居費を支払い続ける必要があります。

　右図は購入と賃貸の金銭面を比べた表です。支払いの総額は購入でも賃貸でも、それほど大きく変わりません。ですから、**金銭面以外で**どちらにするかを決めるべきでしょう。

　強い購入理由がないなら賃貸がおすすめです。購入しても、**ライフイベントで住めなくなる可能性がある**からです。賃貸は住居費のダウンサイズや、最新の部屋・活気のあるエリアへの引越しも容易です。

購入と賃貸の総額は大きくは変わらない

● 30歳夫婦が90歳まで生きた場合

購入：9,047万円

マンション購入	
価格	4,500万円
頭金	300万円
諸費用（物件価格の3%）	135万円
毎月返済額（借入条件：フラット35利用、金利2%、35年返済、ボーナス時加算なし）	13.1万円
管理費・修繕積立金（当初20年間）	2万円
管理費・修繕積立金（21年目以降）	3.5万円
固定資産税（年間）	10万円
機構団信特約料（総額）	285万円
リフォーム費用（20年後）	50万円
リフォーム費用（35年後）	300万円
住宅ローン控除総額（フルで活用できた場合）住居費用より差し引く	337万円

賃貸：8,863万円

1→6年		7→24年		25年→	
		子育て期間		子供独立	
敷金（家賃1か月）	9万円	敷金（家賃1か月）	14万円	敷金（家賃1か月）	9万円
礼金（家賃1か月）	9万円	礼金（家賃1か月）	14万円	礼金（家賃1か月）	9万円
仲介手数料（家賃1か月）	9万円	仲介手数料（家賃1か月）	14万円	仲介手数料（家賃1か月）	9万円
家賃	9万円	家賃	14万円	家賃	9万円
管理費（家賃の10%）	1万円	管理費（家賃の10%）	1.4万円	管理費（家賃の10%）	1万円
更新料（2年に1度）	9万円	更新料（2年に1度）	14万円	更新料（2年に1度）	9万円
		引っ越し費用	20万円	引っ越し費用	20万円

◀◀◀ 10秒チェック！ ▶▶▶

賃貸がおすすめです。転勤や親の介護で、住宅を購入しても住めなくなる可能性が高くなります。メンテナンス費用も困りもの。賃貸であれば、気軽に引っ越しできます。

振り返り
ポイント

節約する

016

1 minute 分

高いスマホ代、どうする？

財布は忘れても
スマホは
忘れられない

　ここ十数年の家計の中で、**もっとも上昇率の高い費目は通信費**。

　しかし、2021年に入って、大手キャリア3社が格安プランの「ahamo」「povo」「LINEMO」のサービスを相次いでスタートしたことで、通信費も下げやすくなりました。大手キャリア3社を利用しているならば、格安プランに乗り換えるだけで、**これまで毎月1万円はかかっていたスマホ代が数千円は削減できます**。大手キャリアのサービスを利用していて、ポイントや割引が生かせる場合は、格安プランに変更して活用するのがいいでしょう。

　ただし、大手キャリアの格安プランの申し込みや問い合わせはオンライン限定となっているうえ、キャリアメールも利用できません。自分で設定したり、問題が発生したときに対処したりする自信がないのであれば、UQモバイル・Y! mobile・楽天モバイルなどの**格安スマホを活用するのも1つの方法**。これなら安価なうえ、店舗でも相談できます。

主なスマホ格安プラン

ブランド	プラン名	データ容量・価格	データ繰越	かけ放題（別途費用）	備考
ahamo	ahamo	2,970円（20GB） 4,950円（100GB）	なし	無料（5分）	オンライン申し込み
UQモバイル	くりこしプラン+5G	S 1,628円（3GB） M 2,728円（15GB） L 3,828円（25GB）	翌月繰越	1,980円（24時間） 880円（10分） 550円（月60分）	
povo	povo2.0	990円（3GB・30日間） 2,700円（20GB・30日間） 6,490円（60GB・90日間）	なし	1,650円（24時間） 550円（5分）	オンライン申し込み 基本料金無料（※1）
Y! mobile	シンプルS/M/L	S 2,178円（3GB） M 3,278円（15GB） L 4,158円（25GB）	翌月繰越	1,870円（24時間） 770円（10分）	
LINEMO	ミニプラン スマホプラン	990円（ミニプラン・3GB） 2,728円（スマホプラン・20GB）	なし	1,650円（24時間） 550円（5分・2年目以降）	オンライン申し込み LINEは容量対象外
楽天モバイル	Rakuten_UN-LIMIT VII	1,078円（3GB） 2,178円（20GB） 3,278円（無制限）	なし	無料（Rakuten Linkアプリ利用時）	

※価格は税込。各社の割引・キャンペーンは考慮していない。音声通話はかけ放題でない場合、22円／30秒（2023年4月3日時点）
（※1）基本料金は無料。30日間・90日間有効のデータ容量を購入して使う形式

10秒チェック！

現時点で総合的にオススメなのはUQモバイル。「くりこしプランS＋5G」なら毎月1,628円で利用できるうえ、余ったデータ量は翌月に繰り越せます。

振り返りポイント

節約する

017

エネルギーも
セット割の
時代なんだ！

電気代は
どうやって
減らせばいい？

　電気は契約しているアンペア数が大きいほど、一度にたくさんの電気が使えますが、その分基本料金も高くなります。ですから、契約アンペア数を下げることで、基本料金も下げられます。ただし、無理に下げるとブレーカーが落ちやすくなる原因になるので、家電製品の利用状況を踏まえて手続きしましょう。

　また、2016年からの電力自由化で、電気の購入先を自分で選べるようになっています。おすすめは**電気とガスを同じ会社から購入すること。会社によっては「セット割」が用意されています。**電気代・ガス代が安くなるのはもちろん、ポイント付与などの特典を受けることができます。

　さらに、毎月の料金の支払いを口座振替にすることで割引が受けられたり、クレジットカード払いにすることでポイントを貯めたりできます。

　普段利用している電力量や電気を利用する時間などでもお得なプランが変わってくるので、見直しは「エネチェンジ」などの電気料金比較サイトを確認してから行いましょう。

電気代はガスとの「セット割」を狙う

● 関東在住なら……

東京ガス
「基本プラン・ずっとも電気3」

年間の電気代・ガス代の削減例

・戸建て3人世帯
・年間4,700kWh（40A）
　利用で試算

電気代・
ガス代が合計
6,200円
安くなる！

年間168,800円 ➡ 年間約162,600円

・東京電力エナジーパートナー「スタンダードS」　・東京ガス「基本プラン・ずっとも電気3」ガス・電気セット割適用
・東京ガス「基本プラン」

● 関西在住なら……

関西電力
「なっトクパック」

年間の電気代・ガス代の削減例

・電気：毎月260kWh
・ガス：毎月30m³で試算

ガス代が
9,600円
安くなる！

年間137,900円 ➡ 年間約128,300円

・関西電力「従量電灯A」　・関西電力「なっトクでんき」
・大阪ガス「一般料金」　・関電ガス「なっトクプラン」電気セット割引（3%）・基本料金割引適用

※燃料費・原料費調整額が高騰した場合、割引額が減る可能性があります。

振り返り
ポイント

10秒チェック！

電気とガスを同じ会社から購入しましょう。会社によっては、「セット割」が用意されています。年間数千円は電気代・ガス代を安くすることができます。

節約する

018 ⏱1分 minute

水道光熱費は
どのくらい
節約できる？

うーん、どうすれば節約できるの？

　水道光熱費の基本料金は固定費ですが、使った分だけかかる従量部分は変動費です。とはいえ、普段から無意識のうちに無駄遣いしている部分があるならば、それをなくすだけでも十分節約になります。

　たとえば、電化製品の「待機電力」。使っていなくても電力を消費していることを知っている方は多くても、**待機電力をなるべくなくすことで年6,000円以上の節約になる**ことは知らないのではないでしょうか。使わない電化製品のプラグは抜いておきましょう。

　また、家の中でもっとも水を使うお風呂のシャワーも、**節水シャワーヘッドに変えるだけで年5,000円～1万円程度の節約**ができます。

　それから、冷房・暖房・冷蔵庫などの温度設定も見直しましょう。設定温度を少し弱くするだけでも、数千円の削減効果が期待できます。

　意外なところでは食器洗い乾燥機。**手洗いより水の使用量が抑えられるため、年間で8,870円の節約ができる**だけでなく、食器洗いの手間もなくせます。

無意識でも節約できる！水道光熱費削減テクニック

節約テクニック	削減金額（年）
シャワーヘッドを節水シャワーヘッドに取り替える	5,000円〜1万円
蛇口に節水コマを取り付ける	1万円程度
食器洗い乾燥機を使う	8,870円
使っていない電化製品のプラグを抜く（待機電力をなくす）	6,156円
お風呂は追い焚きをしない（沸かしたらすぐに入る）	4,980円
電気カーペットの設定温度を低めにする（3畳用の設定温度を「強」から「中」に）	4,930円
洗濯物はまとめ洗いする	3,970円
電気ポットで保温をしない（プラグを抜く）	2,850円
シャワーは流したままにしない（1日あたり1分短縮）	2,670円
電球を電球形LEDランプに取り替える	2,440円
電気カーペットは広さにあった大きさに変える（3畳用から2畳用に変更）	2,380円
冷蔵庫の設定温度を適切にする（「強」から「中」にする）	1,630円
エアコンの冬の暖房時の室温は20℃を目安にする	1,410円
炊飯器で保温をしない（プラグを抜く）	1,210円
冷蔵庫と壁の間に適度なスペースをあける	1,190円
冷蔵庫にものを詰め込みすぎない	1,160円
お湯で食器を洗うときは低温に設定する	1,150円
野菜はゆでずに電子レンジで下ごしらえする	1,000円
エアコンのフィルターをこまめに掃除する（月2回程度）	850円
エアコンの夏の冷房時の室温は28℃を目安にする	800円
テレビの画面は明るすぎないようにする（画面の輝度を「最大」→「中間」に）	720円
ガスコンロは炎が鍋底からはみ出さないように調節する	310円

（出典：資源エネルギー庁「家庭の省エネ徹底ガイド春夏秋冬」・東京都環境局「家庭の省エネハンドブック」より作成）

振り返り
ポイント

10秒チェック！

少し工夫するだけで、年間数万円抑えることができます。
取り組みやすいものから始めていきましょう。

019 ⏱1分

そっか、貯蓄と保険は別ものなのか……

なぜ生命保険は掛け捨て型がいいの？

　保険はもしものときにお金で困ることに備えるためのものです。そのために活用すべき保険は、「掛け捨て型」です。

　掛け捨て型は、途中で保険を解約しても、お金（解約返戻金）は戻ってきません。

　それなら、解約返戻金のある保険に入りたいと思うかもしれません。掛け捨て型のほかに、払い込む保険料に応じて解約返戻金が増える「従来型」や、解約返戻金を従来型の70％程度に抑えた「低解約返戻金型」と呼ばれる保険もあります。しかし、これらは解約返戻金がある分、掛け捨て型よりも保険料が高くなってしまいます。

　保険料には、将来の保険金となる純保険料と、保険会社の経費となる付加保険料が含まれています。実は、保険の営業などで勧められることの多い外貨建て貯蓄保険は、6〜8％もの販売手数料を取られています。手数料が高いからこそ、勧めてくるのです。払うのは非常にもったいないですね。

　貯蓄は他の仕組みに任せ、保障は掛け捨て型の保険で用意しましょう。

保険は掛け捨て型を選ぼう

● 掛け捨て型 ＋ 貯蓄・投資のほうが経済的かつ合理的

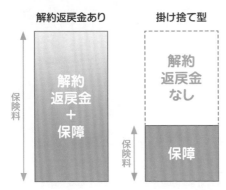

解約返戻金あり

掛け捨て型

保険料

解約返戻金＋保障

解約返戻金なし

保障

保険料

解約返戻金ありの保険は、保険料が高い上に内訳がわかりにくい

掛け捨て型なら
シンプルに保障だけを用意できる。
保険料も安い

例 30歳男性が外貨建て保険で保障と貯蓄を用意 **VS**
掛け捨て型の定期保険 ＋ 投資信託で保障と貯蓄を用意

● **外貨建て保険**（USドル建て終身保険 ドルスマートエス）

30歳男性の保険料（月額）：169.90ドル（約2万2,940円）
死亡保険金：10万ドル（約1,350万円）
※予定利率　年2.5%　※1ドル＝135円として計算

掛け捨て型のほうが
安価で保障も充実

● **掛け捨て型の定期保険**（定期保険プレミアムDX）

30歳男性の保険料（月額）：3,360円
死亡保険金：2,000万円

＋

投資信託のほうが
手数料も利率もいい

● **投資信託**（SBI・全世界株式インデックス・ファンド）

毎月1万9,500円（信託報酬（手数料）年0.1102%）
※トータルリターン期間5年　年率11.00%　※2023年4月3日時点

10秒チェック！

無駄なお金を払わずに、必要な保障を得たいのならば、
保障と貯蓄を分けることが大切です。

振り返り
ポイント

節約する　備える

020 ①分

生命保険はどうやって見直せばいい？

保険料でマンションが買えた!?

　1世帯あたり年間で平均37.1万円の保険料を支払っています（生命保険文化センター「生命保険に関する全国実態調査」（2021年度））。これを**30年支払い続けると保険料の合計は1,113万円**にもなってしまいます。もし、「なんとなくたくさん保険に入っている」「どんな保険に入っているかわからない」ならば、保険を見直すことでお金が貯められる可能性があります。

　たとえば、結婚したり子どもが生まれたりしたときには、自分にもしものことがあった場合に家族が困らないよう、保障はたくさん必要でしょう。逆に、住宅ローンを借りて住宅を購入した場合は、団体信用生命保険（団信）に加入することで、万が一のときにはローンが完済できるので、保障を減らすことができます。子どもが独立したときも、家族の生活を守るための保障が不要になるので、保険料が安くできるでしょう。

　また、対面型生保・貯蓄型の保険に入っている場合は、ネット生保・掛け捨て型の保険に乗り換えることで、保険料を抑えることができます。

　このように**保険の必要保障額は、ライフステージに合わせて変わります**。

保険の見直しはこの順序で

● **保険の見直し5ステップ**

❶ 今必要な（ないと困る）保険の内容を考える

> 不測の事態があっても困らないようにするためには、どんな保障が必要かを検討する

❷ いつまで必要かを考える

> たとえば「子どもが大学を卒業するまで」など、なるべく具体的に期限を考える

❸ いくら必要かを考える

> 遺された人が困らないようにするにはいくら必要か、おおよその金額を見積もる

❹ 現在加入中の保険の内容を確認

> 今加入している保険で①〜③がカバーできるのかを見比べて検討する

❺ 保障内容の過不足を調整する

> 保障が多い場合は解約。逆に保障が不足していたら新たに加入する

● **ライフステージの変化と保障額の関係**

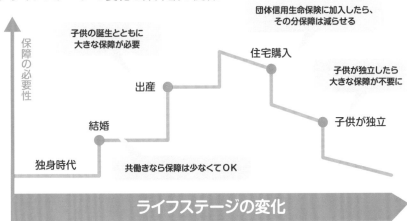

10秒チェック！

いくつか保険に入っているならば、それらを見直すだけで、お金が貯められる可能性が上がります。「なんとなく」「そもそも何に入っていたっけ」ということであれば、チャンスです。

振り返りポイント

021

（1分 minute）

車はどうする？

ドライブが趣味なんだけど、ムダかなぁ

首都圏在住なら、**車を手放すことも検討しましょう。**

車には、駐車場代、自動車保険、自動車税、車検代、メンテナンス費用にガソリン代と、何かと費用がかかるからです。首都圏では電車やバスなどの公共交通機関が発達しています。それに、レンタカーやカーシェアリングもあります。**普段はあまり乗らないのに車を持っているならば、売るだけで支出を大きく削減できます。**

もっとも、地方在住の場合は逆に車がないと生活が成り立たないという場合もあります。

そうした場合でも、車を買うなら中古車で十分です。数十万円程度で済む場合も多くあります。**金利が4～8％と高いマイカーローンは使わないで購入しましょう。**

また、リセールバリュー（買ったあと、売却するときの買取価格）も意識しましょう。一般に、ミニバンやハイブリッドカー、コンパクトカーなどは人気が高いですし、色はホワイトやブラックが人気です。こうした車を選んだほうが、**高く売れる可能性がある**というわけです。

低燃費・低排出ガスの、環境にやさしい車にも注目。**「環境性能割」の課税は、燃費のいい車ほど軽減。電気自動車は非課税です。**

レンタカー・カーシェアリングを活用しよう

● レンタカーとカーシェアリングの主な違い

	レンタカー	カーシェアリング
予約・利用	予約は ネット・電話で可能 店舗で車を借りる	予約はネットで可能 近所の駐車場で 車を借りる
会費	不要	必要な場合あり
利用期間	数時間 ～ 数日	数十分 ～ 数時間
利用料	数千円 ～	数百円 ～
ガソリン代 （満タン返し）	必要	不要
保険	加入済み （オプションで保障を増やせる）	加入済み

◀◀◀ 10秒チェック！ ▶▶▶

振り返り
ポイント

普段あまり乗らないのであれば、売却しましょう。とくに首都圏在住ならば不要です。手放すだけで支出を大きく減らせます。地方在住であれば、数十万円程度です む中古車を検討しましょう。

節約する

022 ①分 minute

他に
見直すものは？

使ってないサブスクがスマホにいっぱい……

　家の固定電話は月2,000円前後と、スマホ代よりは安いかもしれませんが、**使っていないなら完全に損**です。固定電話とセット契約で安くなるサービスもありますが、これも不要でしょう。

　日本経済新聞の定期購読も、実は無料にできます。証券会社の楽天証券に口座開設（口座開設自体も無料）すると無料で使える「日経テレコン（楽天証券版）」では、日経電子版に掲載されているニュースが読めます。**毎月4,277円、1年で5万1,324円もの節約**ができます。スマホでも読めてとても手軽です。NHKの受信料はまとめ払いがお得です。右図を参考にしてみてください。

　クレジットカードの年会費は「初年度無料」となっているケースが多いものです。2年目からは解約しない限り年会費がかかるにもかかわらず、そのことを忘れて**無駄な年会費を支払っている場合**もあります。使っていないクレジットカードは解約しましょう。音楽聴き放題や動画見放題に代表される**サブスク**（サブスクリプション）**サービスも固定費です**。もし複数加入しているならば、どうしても使うものだけにして、その他は思いきって解約しましょう。

固定費はまだまだ減らせる

● 主なサブスクサービスの月会費

種類	サービス名	月額料金（税込）
動画・配送料無料等	Amazon Prime	500円
動画	Hulu	1,026円
動画	Netflix	790〜1,980円
音楽	Spotify	980円
音楽	Apple Music	1,080円
LINEスタンプ	LINEスタンププレミアム	240円
電子書籍	Kindle Unlimited	980円
電子書籍（雑誌）	dマガジン	440円
電子書籍（雑誌）	楽天マガジン	418円
ゲーム	Nintendo Switch Online	306円

> 利用頻度が少ないものや、使わなくなったものは積極的に解約しましょう

● NHKは12か月まとめ払いがお得

> 12か月分をクレジットカード払いすれば割引だけでなくポイントも手に入ります

契約種別	支払区分	月額	2か月払	6か月前払額	12か月前払額
衛星契約（地上契約含む）	口座・クレジット	2,170円	4,340円	12,430円	24,185円
	（1か月あたり）	—	2,170円	2,072円	2,015円
	継続振込等	2,220円	4,440円	12,715円	24,740円
	（1か月あたり）	—	2,220円	2,119円	2,062円
地上契約	口座・クレジット	1,225円	2,450円	7,015円	13,650円
	（1か月あたり）	—	1,225円	1,169円	1,138円
	継続振込等	1,275円	2,550円	7,300円	14,205円
	（1か月あたり）	—	1,275円	1,217円	1,184円

振り返りポイント

◀◀◀ **10秒チェック！** ▶▶▶

固定費はとにかく細かくみて徹底的に節約しましょう。月1,000円の節約でも年1万2,000円。無駄な出費をできるだけ減らしましょう。

023

1 minute 1分

変動費は
どう節約すればいい？

我慢をしない節約が肝心です！

固定費の削減が終わったら、**変動費が見直せないかチェック**しましょう。

変動費でもっとも削りやすいのは食費です。でも、食べたいものを我慢するような節約は辛いのでNG。**外食を月1回減らす、使い切らない量のまとめ買いをしない**という具合に、無理なくできる節約をしましょう。

レシートやアプリなどの割引クーポンや、ゴールド免許の特典の割引、特定の日に割引になるクレジットカードを利用するのも地味ながら効果大。とくに**クレジットカードの割引はあらかじめ日にちがわかっている**ので、大きな買い物は日にちを合わせましょう。

一時期しか使わないようなものや子供服などは、メルカリで調達するのがおすすめ。新品であっても、格安で手に入れることができますし、**不要になったら出品する**ことで、さらに節約につなげることができます。

食材をPB（プライベートブランド）のものに変えたり、薬をジェネリック医薬品に変えたりすることでも、無理のない変動費の節約が可能です。

こんな変動費を節約してみよう

節約テクニック	削減金額の目安（年）
外食を月1回減らす	1回2,000円×12回＝年2万4,000円
スタバやドトールのコーヒーを減らす （飲み物はマイボトルで持参）	1回500円×週2回×52週＝年5万2,000円
食材にPB（プライベートブランド）の商品を選ぶ	50円安い商品を週3品×52週＝年7,800円
レシートやアプリについてくる クーポンを使って割引を受ける	30円安い商品を週3品×52週＝年4,680円
特定の日に割引が受けられるクレジットカードで買い物する	例：イオンカード（20日・30日に5%引き） 月2回×5,000円×5%＝年6,000円
エアークローゼットで洋服を借りる ライトプラン（3着・月1回交換）7,800円	月1万円の洋服代をエアークローゼットにして 2,200円×12か月＝年2万6400円
車のガソリンを提携カードで入れる	1回2円引き×50リットル×月3回×12か月 ＝年3,600円
電車の1日乗車券を利用する	月1回2,000円分を600円で利用 1,400円×12か月＝年1万6,800円
フードロス通販を活用する （訳あり食材の格安販売）	月10,000円の食材を3割引で購入したとして 3,000円×12か月＝年3万6,000円
調剤薬局におくすり手帳を持っていく	1回40円引き×年20回＝年800円
ふるさと納税で食品や日用品をもらう	**納税額で異なる**（例：年収400万円独身の場合、約1万3,000円相当の返礼品が2,000円負担で手に入る）
医薬品をジェネリック医薬品に変える	**薬の種類や量により異なる** （例：高血圧の薬　年1万2,724円→2,935円　9,789円の節約）
ゴールド免許の特典の割引を活用する （SDカードの発行が必要）	飲食店・ショッピングなどで500円の割引を20回受けたとして、年1万円
子供服はメルカリで調達	年4万円の子供服費用が3割引にできたとして 年1万2,000円の節約

振り返り
ポイント

10秒チェック！

外食を1回減らす、使い切らないまとめ買いはしないなど、無理のない範囲で行いましょう。

お金に関するコラム
その2

サブスクをたくさん契約していない？

　すっかり身近になったサブスク（サブスクリプション）サービス。サブスクは、月々一定の会費を支払うことで、商品が定期的に手に入ったり、サービスが使い放題になったりするサービスのことです。

　サブスクのサービスは多岐にわたっています。動画・音楽・電子書籍といったサブスクはP59でも紹介したとおりですが、そのほかにもゲーム・コスメ・バッグ・洋服・食事・食材・花・掃除など、日常のさまざまな分野に、サブスクのサービスが広がっています。

　サブスクは確かに、使いこなすことができればお得です。しかし、契約しても使っていないのでは無駄。クロスマーケティング「サブスクリプションに関する調査（2021年）」によると、サブスクを「定額分以上にしっかり使っている」人は20％、「定額分の元が取れる程度に使っている」人は35％とのこと。「使っているが定額分の元は取れていない」19％と「あまり使えていない」25％の人は、いっそ解約すればいいはずですが、それがなかなか難しいのです。

　サブスクを解約しにくいのは、行動経済学の「現状維持バイアス」のせいです。現状維持バイアスは、変化を避けてこのままでいようとする心理のこと。たとえサブスクを使っていなかったとしても、「いつか使うかもしれない」「使えなくなるのは損失だ」と考えてしまい、解約できなくなってしまうのです。

　ですから、ここは思い切って、全部解約してみることをおすすめします。そうして、実際になくて不便だったサービスだけ再契約すれば、現状維持バイアスも克服して、支出を減らすことができるでしょう。

第**3**章

1分でわかる！
税金・社会保険の基本

毎月知らない間に引かれている
税金や社会保険料。
この章では、これらがどんな名目でいくら引かれているかを把握し、
年末調整や確定申告によって
払いすぎた税金を返してもらう手続きについて解説します。

備える

024 ⏱1分 minute

税金ってなに？どうして支払っているの？

税金って
いつの間にか
引かれているものが
多いのね

　税金は、私たちが公共サービスを受けるために支払うお金。たとえば、警察・消防の活動、道路・水道の整備、教育・年金・医療・福祉などのサービスのためのお金として利用されています。緊急時に110番や119番に通報すると無料で警察や救急車が駆けつけてくれるのも、公共の図書館や美術館で本や芸術に触れられるのも、日々出る家庭のゴミを回収してもらえるのも、**これらのサービスが税金で運営されている**からです。

　私たちは、日々さまざまな税金を支払っています。たとえば、働いて収入を得たら、その収入から**所得税や住民税といった税金**を支払います。買い物をすると**消費税**が10％（食料品などは8％）かかります。そのほかにも、購入・保有・利用するものに応じて、**酒税、ガソリン税、たばこ税、自動車税、自動車重量税、固定資産税などの税金**を支払います。

　税金は、納める先の違いで国税と地方税に分けられます。また、負担する人と納める人によって直接税と間接税に分けられます。

私たちが支払っている主な税金

	直接税 負担する人と納める人 が同じ税金	間接税 負担する人と納める人 が違う税金
国税 国に収める税金	● 所得税 ● 法人税 ● 相続税 ● 贈与税 など	● 消費税 ● 酒税 ● たばこ税 など
地方税 **都道府県税** 都道府県に納める 税金	● 都民税 ● 道府県民税 ● 事業税 ● 自動車税 など	● 地方消費税 ● たばこ税 ● ゴルフ場利用税 など
市町村税 市区町村に納める 税金	● 特別区民税 ● 市町村民税 ● 固定資産税 ● 軽自動車税 など	● たばこ税 ● 入湯税 など

支払う人の支払い能力に
応じて課税される

支払い能力に関係なく、
公平に課税される

10秒チェック！

税金は、私たちの暮らしにまつわる公共のサービスを受けるために支払うお金です。電話してすぐに警察や救急車が駆けつけてくれるのも、これらのサービスが税金で賄われているからです。

振り返り
ポイント

備える

025 ①分 minute

税金よりたくさん
引かれてるん
だよね……

社会保険には
どんなものがあるの？

　私たちは税金のほかに、社会保険の保険料（社会保険料）も支払っています。広い意味で社会保険料も税金の一種です。

　社会保険とは、国や地方公共団体が運営する公的な保険です。長い人生、病気やケガをしたり、介護が必要になったり、職を失ったりと、さまざまな問題が起きる可能性があります。また、誰しも老後には、生活費として年金を受け取って余生を過ごすでしょう。みんなで社会保険料を支払うことで、こうした問題に対処していこう、というわけです。

　社会保険には、大きく分けて医療保険、介護保険、労災保険、雇用保険、年金保険の5つがあります。そして、それぞれの保険でさまざまな保障や給付が受けられます。

　人によって加入している保険の種類が異なります。会社員は医療保険（健康保険）・介護保険（40歳以上）・雇用保険・年金保険（厚生年金）の社会保険料を会社と折半して支払います。会社は社員の労災保険の保険料も負担しています。また、フリーランスや個人事業主は医療保険（国民健康保険）・年金保険（国民年金）・介護保険（40歳以上）に加入し、それぞれの社会保険料を負担します。

主な税金・社会保険料の税率・料率

● 税金

所得税	5～45%（所得に応じて7段階）
住民税	10%

詳しい計算方法は
P75で紹介

● 社会保険料

会社員・公務員は、勤め先が
社会保険料を半分負担しているため、
負担が少ない（労使折半）

負担 **小**　　負担 **大**

	会社員・公務員	フリーランス・個人事業主
健康保険	4.665%～5.255% （都道府県により異なる）	9.28% （東京都千代田区の場合・地域により異なる）
介護保険 （40歳～64歳まで）	0.91%	1.44% （東京都千代田区の場合）
年金保険	9.15% （厚生年金）	月16,520円 （国民年金）
雇用保険	0.6～0.7% （会社員のみ加入）	なし
労災保険	0.25～8.8% （全額会社負担・業種により異なる）	なし

※2023年4月3日時点の情報に基づく

厚生年金より安い場合もあるが、
老後もらえる年金は厚生年金の方が多い

実際の金額のイメージは
給与明細（P69）でチェック

10秒チェック！

社会保険には大きく分けて医療保険、介護保険、労災保険、雇用保険、年金保険の5つがあります。それぞれの保険でさまざまな給付が受けられます。会社員、公務員、フリーランスなど人によっても加入している保険が違います。

振り返り
ポイント

備える

026 ①分 minute

会社員は基本天引き。
だからこそよく
中身をみよう

発見！

給与明細は
どこをみればいい？

　会社から給与をもらうとき、一緒にもらえるのが給与明細です。給与明細には、「勤怠」「支給」「控除」の３つの項目があります。

　「勤怠」には、出勤日数・労働時間・残業時間・休日労働時間・有給休暇といった、**勤務に関わる情報**が記載されています。勤務状況が正しく反映されているかを確認しましょう。

　「支給」には、基本給・交通費・役職手当・時間外手当など、**会社が支払う金額**が記載されています。これらの金額をすべて足した金額が「総支給額」として記載されています。基本給や役職手当は毎月同じですが、交通費や時間外手当などは月によって違いがあるはずです。申請した分のお金が支払われているか確認しましょう。

　そして「控除」には、**所得税・住民税・健康保険・厚生年金保険といった税金や社会保険料の金額**が記載されます。これらの税金や社会保険料は、総支給額から天引きされています。私たちの口座に振り込まれる、いわゆる手取りの給与は、総支給額から税金や社会保険料を引いたあとの「差引支給額」です。

給与明細をみてみよう

勤務日数と
勤務時間

勤怠	出勤日数	欠勤日数	休日出勤日数	有給消化日数	有給残日数
	20	0	0	0	10
	労働時間	遅刻早退時間	残業時間	各種手当	
	160	0	5		

支給される
お金の合計

支給	基本給	役職手当	資格手当	住宅手当	通勤手当
	250,000				10,000
	時間外手当	基本給・残業代		社会保険料	①総支給額
	9,765				269,765

天引きされる
お金の合計

控除	健康保険	厚生年金保険	介護保険	雇用保険	
	13,818	25,620	0	840	
	所得税	住民税	税金		②総控除額
	5,716	12,433			58,427

集計	課税計		①総支給額	②総控除額	差引支給額
	259,765		269,765	58,427	211,338

※会社により書式・項目は異なります。

①総支給額 － ②総控除額 ＝ 差引支給額
（銀行に振り込まれるお金）

10秒チェック！

振り返り
ポイント

みるべきところが3つ。「勤怠」「支給」「控除」です。
勤務状況が正しく反映されているか、申請したお金が支
払われているか、税金・社会保険料はいくら引かれてい
るか、確認しましょう。

節約する

027 ⏱1分 minute

源泉徴収って
何を徴収されているの？

源泉徴収

なんだかたくさん
引かれてるなぁ

　毎年12月から翌年1月に、勤務先から源泉徴収票が配られます。「源泉徴収」とは、所得税を差し引き、会社が納税してくれることです。

　源泉徴収票には、年末調整の結果確定した、1年間の所得税の金額が書かれています。

　もっとも、納める所得税の金額は、収入で決まるのではなく、収入からさまざまな控除額を引いた金額（所得）をもとに計算されます。源泉徴収票では、所得税が決まる過程を大まかに知ることができます。

　「支払金額」は給与や賞与の金額の合計、税金や社会保険料を引く前のいわゆる「年収」がわかります。

　「給与所得控除後の金額」は支払金額から給与所得者の経費にあたる給与所得控除を差し引いたあとの金額です。

　「所得控除の額の合計額」は15種類ある所得控除（P76）の合計です。

　そして「源泉徴収税額」は、会社が給与から差し引いて支払った所得税の金額です。

　まずはこの4つの金額をみて、自分の年収と所得税の金額を確認しましょう。

源泉徴収票でわかることはたくさんある

税金を減らすには
所得控除を増やすのがポイント

1年間に稼いだお金の
総額がわかる

給与所得控除後の
金額がわかる

所得控除の
金額がわかる

最終的に支払った
所得税額がわかる

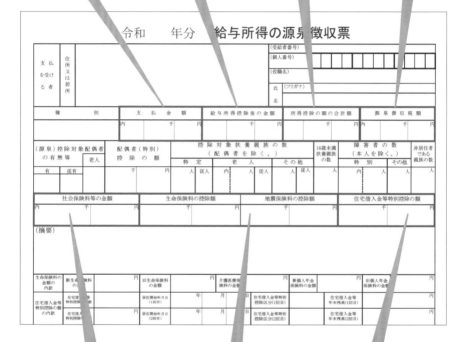

令和　　年分　給与所得の源泉徴収票

会社で引かれた
社会保険料がわかる

生命保険料や地震保険料
の控除額がわかる

住宅ローン控除の
控除額がわかる

10秒チェック！

振り返り
ポイント

源泉徴収票は、所得税がどれだけ徴収されたかを示すものです。源泉徴収票の「源泉徴収総額」で最終的に支払った所得税額がわかるので、しっかり確認しましょう！

節約する

028 ⏱1分

年末調整と
確定申告って何が違うの？

そっか、サラリーマンと
フリーランスでは
手続きが違うんだ

　会社が行う年末調整は、1年間に納めるべき所得税の金額を確定させる作業です。実は、**毎月の給与から引かれている税金の金額は概算の金額**。正確な税金の額を算出するには、個人の所得控除や税額控除といった情報が必要です。会社はそうした情報を集めて年末調整を行い、年末に税金の過不足を計算しなおします。そして、多く納めていたら返金し、少なかったら追加で徴収を行います。

　税金の金額を確定させる作業にはもうひとつ、**確定申告**があります。確定申告は、自分で前年1年間の所得税を計算し、税務署に確定申告書を提出し、納税することです。毎年原則として2月16日～3月15日の間に、前年1年分の確定申告を行います。

　会社員・公務員の場合は、**勤め先で行う年末調整が確定申告の代わりになる**ので、基本的には確定申告をする必要はありません（確定申告が必要な場合はP80）。しかし、フリーランス・個人事業主の人には年末調整がありませんので、自分で確定申告を行い、税金を納める必要がある、というわけです。

年末調整と確定申告

	年末調整	確定申告
手続きの時期	10～11月	2月16日～3月15日
対象	給与所得者（会社員・公務員 など）	個人事業主 フリーランス 給与所得者
手続きをする人	勤め先	自分
手続き先	勤め先	税務署
できる手続き	● 扶養控除 ● 配偶者控除 ● 生命保険料控除 ● 地震保険料控除 ● 社会保険料控除 ● 小規模企業共済等掛金控除 ● 住宅ローン控除（2年目以降）など	● 扶養控除 ● 配偶者控除 ● 生命保険料控除 ● 地震保険料控除 ● 社会保険料控除 ● 小規模企業共済等掛金控除 ● 住宅ローン控除 ● 医療費控除 ● 寄附金控除（ふるさと納税） ● 雑損控除 など

10秒チェック！

年末調整も確定申告も1年間に納めるべき所得税の金額を確定させる作業です。年末調整は会社員・公務員が勤め先で行うもので、確定申告はフリーランス・個人事業主の人が自分で行い、税務署に申告します。

振り返りポイント

029 ①分

所得税・住民税って
どう決まるの？

会社を辞めて
無収入になっても
住民税が
かかるのか……

　所得税の額は、1年間の給与収入から、フリーランス・個人事業主でいう「経費」にあたる「給与所得控除」と、個人の事情を税額に反映させる「所得控除」（P76）を引いた金額（課税所得）に5〜45％の税率をかけて算出します。この税率は累進課税といって、課税所得が多いほど、税率が段階的に高くなるようになっています。所得税額からは、さらに「税額控除」で税額を直接減らせます。

　また、住民税には所得によって金額が変わる所得割と、同じ自治体に住む人が同じ金額を支払う均等割があります。原則としては「課税所得の10％＋5,000円」です。

　なお、所得税はその年の所得から計算されるのに対し、住民税は「前年の所得」から計算されます（徴収は6月から翌年5月まで月割）。前年の所得がない社会人1年目の方はかかりません。

　所得控除を増やせれば課税所得が減るので、所得税額が減ります。また、税額控除が利用できれば税額を直接減らすことができます。

所得税額はどう決まる？

● 所得税額の計算のイメージ

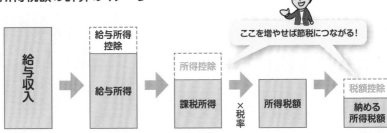

ここを増やせば節税につながる！

給与収入 → 給与所得控除／給与所得 → 所得控除／課税所得 ×税率 → 所得税額 → 税額控除／納める所得税額

● 給与所得控除の金額

給与収入	給与所得控除額
162.5万円以下	55万円
162.5万円超 180万円以下	収入金額×40％－10万円
180万円超 360万円以下	収入金額×30％＋8万円
360万円超 660万円以下	収入金額×20％＋44万円
660万円超 850万円以下	収入金額×10％＋110万円
850万円超	195万円（上限）

収入金額によって自動的に決まる

● 所得税の税額速算表

課税所得	税率	控除額
195万円未満	5％	0円
195万円以上 330万円未満	10％	97,500円
330万円以上 695万円未満	20％	427,500円
695万円以上 900万円未満	23％	636,000円
900万円以上 1,800万円未満	33％	1,536,000円
1,800万円以上 4,000万円未満	40％	2,796,000円
4,000万円以上	45％	4,796,000円

所得控除が多いほど課税される所得金額が減り、所得税額も減る

<<< 10秒チェック！ >>>

振り返りポイント

所得税はその年の所得から計算されますが、住民税は前年の所得から計算されます。
- 所得税＝（給与収入－給与所得控除－所得控除）×5～45％－控除額
- 住民税＝原則として課税所得の10％＋5,000円

節約する

030 ①分

所得控除で税金を安くする？

税金の所得控除は自己責任、ちゃんと調べなきゃ

　所得控除は、所得税額を計算するときに、本人や家族の状況、災害や病気といった**個別の事情**を税額に反映させるための制度です。

　右図のとおり、所得控除は15種類あります。これらの所得控除に当てはまる場合は、**課税所得から各所得控除の金額を差し引くことができます**。そうして残った課税所得に税率をかけ、所得税額が計算されます。**所得控除が多いほど課税所得も少なくなり、税額も減ります。**

　ただ、税務署は「あなたは○○控除が利用できます」などとわざわざ**教えてはくれません**。ですから、税金を安くしたいのであれば、**自分で調べて手続きをする必要がある**のです。

　15種類の控除のうち、基礎控除は合計所得が年2,400万円以下の方ならば誰でも48万円の控除が受けられます（合計所得2,400万円超の場合は段階的に控除額が減り、2,500万円超になると0円）。ほとんどの方が対象になる控除です。その他の控除は、より細かく控除を受けるための条件が決まっています。**手続きしていない所得控除・自分が申請できる所得控除がないか毎年確認して、必ず年末調整や確定申告で手続きをしましょう。**

15種類ある所得控除一覧

所得控除の種類	控除を受けるための条件	控除できる金額
基礎控除	合計所得が年2,500万円以下	最高で48万円 （合計所得年2,400万円以下の場合）
社会保険料控除	社会保険料を支払った	その年に支払った金額を全額控除
生命保険料控除	生命保険料を支払った	最高で12万円
小規模企業共済等掛金控除	小規模企業共済やiDeCoなどの掛金を支払った	小規模企業共済の場合、最高で84万円。iDeCoの場合、最高で81万6000円
地震保険料控除	地震保険料を支払った	最高で5万円
障害者控除	本人や扶養する家族が障害者	27～75万円 （障害の程度や同居の有無により異なる）
寡婦控除	夫と死別・離婚などをした	27万円
ひとり親控除	納税者がひとり親（合計所得金額500万円以下）	35万円
勤労学生控除	納税者が勤労学生	27万円
扶養控除	扶養家族がいる	38～63万円 （扶養親族の年齢等により異なる）
配偶者控除	配偶者（年間の合計所得金額48万円以下）がいる	最高で38万円 （70歳以上の場合は48万円）
配偶者特別控除	配偶者（年間の合計所得金額48万円超133万円以下）がいる	最高で38万円。配偶者の所得が増えるほど控除額が減り、133万円超になると0円になる
医療費控除	自分や家族のために医療費を支払った	10万円を超えた部分 （保険金などで補てんされる金額を除く）
寄附金控除	特定の団体に寄附した	特定寄附金の金額－2,000円 （年間所得の40％まで）
雑損控除	災害、盗難、横領などの損害を受けた	損失額に応じて控除額が変わる

※2023年度の金額で作成

年末調整でも確定申告でも手続き可能

確定申告のみ手続き可能

10秒チェック！

所得控除が多ければ多いほど、課税所得も少なくなり、所得税額も減ります。税務署は対象となる所得控除を教えてくれないので、しっかり自分で調べて把握しましょう。

振り返りポイント

節約する

031

会社員の税金は年末に戻ってくる!?

年末調整の手続きで忘れがちなものとは？

　年末調整の手続きは勤め先で行います。**保険料の控除などを行う場合、加入する保険等の控除証明書も一緒に提出します。** 控除証明書は、毎年10月頃に郵送で届きますので、なくさずに保管しましょう。

　年末調整で申告忘れの多い控除は、次の3つです。

　まず、共働き世帯で妻（または夫）が産休・育休を取得した場合。共働きだと収入が多いので配偶者控除や配偶者特別控除の対象にならないことが多いのですが、**産休や育休で収入が少なくなると、対象になる場合があります。**

　次に、70歳以上の父母・祖父母などを養っている場合。生計を一にしていて普段同居しているなどの条件を満たせば入院中でも58万円、同居せず仕送りなどをしているケースでも48万円の控除が受けられます。

　それから、iDeCoに加入している場合。**iDeCoでは掛金を全額所得控除**（小規模企業共済等掛金控除）**できますが、申告をしないと、所得税や翌年の住民税が安くなりません。**

年末調整のときに提出する主な書類

● 給与所得者の扶養控除等（異動）申告書

配偶者控除・配偶者特別控除・扶養控除

障害者控除・寡婦控除・ひとり親控除・勤労学生控除

16歳未満の扶養親族がいる場合に記入

郵送で届く控除証明書を添付して提出

● 給与所得者の保険料控除申告書

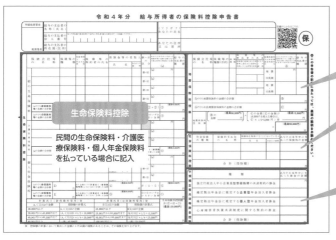

生命保険料控除

民間の生命保険料・介護医療保険料・個人年金保険料を払っている場合に記入

地震保険料控除

社会保険料控除

勤務先の社会保険料以外に社会保険料を支払っている場合に記入

小規模企業共済等掛金控除

iDeCoの掛金を支払っている場合に記入

10秒チェック！

申告忘れの多い控除は、①配偶者控除や配偶者特別控除、②70歳以上の父母・祖父母と同居していたり、仕送りをしている場合の扶養控除、③iDeCo（小規模企業共済等掛金控除）の3つ。

振り返りポイント

節約する

032 (1minute分)

会社員でも
確定申告はできる？

これからは副業が
当然の時代、
確定申告は
基本です！

　年末調整のない個人事業主やフリーランスの場合は、確定申告で税金を計算して納めます。とはいえ、会社員・公務員は確定申告をしてはいけないのかというと、そんなことはありません。会社員・公務員でも、**確定申告をしなければならない場合と、したほうが節税になる場合**があります。

　たとえば、「**2つ以上の会社から給与をもらっている**」「**給与収入が2,000万円を超えている**」などの場合は、確定申告をしなければなりません。また、「**医療費控除・寄附金控除・雑損控除を行う場合**」「**住宅ローン控除をはじめて利用する場合**」などは、確定申告をすることで節税になります。また、年末調整をし忘れたときや、年末に保険に加入して控除証明書が間に合わなかったというときも、確定申告することで所得控除ができ、納めすぎた税金が返ってきます。

　確定申告は「e-Tax」というシステムを使うことでスマホでもできます。「マイナポータルAP」アプリをインストールし、マイナンバーカードを読み取って手続きを行います。**税務署に行かなくても確定申告ができて便利**です。

会社員・公務員でも確定申告でお得に

● 確定申告をしなければならない場合

- 給与収入が2,000万円を超えている人
- 給与所得・退職所得のほかに20万円を超える所得がある人（副業など）
- 2つ以上の会社から給与をもらっている人

● 確定申告をすることで節税になる場合

- 年末調整後、その年の12月31日までに結婚・出産などで扶養家族が増えた人
- 年の途中で退職し、年末調整を受けずにその後就職していない人
- 年の途中で転職したものの、前職分を含まずに年末調整した人
- 住宅ローンを利用した人（住宅借入金等特別控除）※2年目からは年末調整できる
- 災害や盗難で資産に損害を受けた人（雑損控除）
- 多額の医療費を支出した人（医療費控除）
- 特定の寄附をした人
- 生命保険料などの控除漏れがあった人

● スマホでも確定申告できる

e-Taxのサイトから

「国税庁 確定申告書作成コーナー」にアクセス。
手順に従って操作するだけで手続きできる。

【申請の方式】
- ●マイナンバーカード方式
  対応のスマホでマイナンバーカードを読み取って送信
- ●ID・パスワード方式
  あらかじめ税務署で発行してもらったID・パスワードを利用して送信

> **10秒チェック！**
>
> 2つ以上の会社から給与をもらっていたり、給与収入が2,000万円を超えていたりする場合には確定申告をしなければなりません。医療費控除・寄附金控除などは確定申告をすることで節税になります！

振り返りポイント

033 ①分 minute

医療費控除で税金は安くなる？

家族の分も対象になるから、きちんと把握しなきゃね

うーむ

　医療費控除は、医療費が原則年間10万円を超えた場合に、確定申告をすることで税金が戻ってくる制度です。医療費控除の対象になる医療費は、医療機関で支払った自己負担分の医療費はもちろん、薬局で支払った薬代、病院に行くときの電車やバスなどの交通費、さらには治療目的で購入した市販の風邪薬・胃腸薬・湿布薬なども対象になります。医療費控除の対象は幅広いのですが、中には該当しない出費もあります。

　医療費控除で控除できる金額は右図のとおり。補てん金額とは、たとえば医療保険や健康保険などから支給されたお金です。医療費からその補てん金額を引いた金額が原則10万円を超えた場合、医療費控除が受けられるというわけです。

　医療費控除は「生計を一にしている親族」の医療費も合算して申告できます。医療費の領収書やレシートは5年間保存する必要があります。また、医療費控除で戻ってくる金額は、年収によっても変わります。家族の中で一番所得が多い人が申告するのがお得です。

医療費控除の控除額と対象

● 医療費控除の計算式

所得200万円 以上の場合	（1年間の医療費の合計 － 保険金や公的給付など の補てん金額）－10万円
所得200万円 未満の場合	（1年間の医療費の合計 － 保険金や公的給付など の補てん金額）－ 所得額の5％　※上限は200万円

● 医療費控除できる? できない?

医療費控除が認められる	**○ 病院でかかった医療費、交通費** 医療機関で払う医療費や薬代。交通費はガソリン代はNGですが、電車やバスはOK。タクシー代はやむを得ない場合は認められます	
	○ 入院のための部屋代、食事代 病院から提供される食事や部屋にかかる費用は対象。その他診療を受けるための吸いのみなどの器具もOK	
	○ 歯の矯正（美容目的以外） 治療はもちろん、審美以外の矯正、子どもの矯正、インプラントなどは控除の対象	
	○ 治療用に買った医薬品 風邪薬や湿布薬など市販品も治療目的で購入したものは対象。漢方薬も医師の処方箋があればOK	
	○ 治療のためのマッサージ 鍼灸師や指圧師など資格者から、治療のために受けた施術の費用はOK。疲労回復、健康維持目的はNG	
医療費控除が認められない	**✕ 健康診断、人間ドックなどの健診費用**	治療ならほぼOKだが、 予防・健康維持・疲労回復などはNG
	✕ サプリメントや栄養ドリンク	
	✕ インフルエンザなどの予防接種代	
	✕ コンタクトレンズ代 など	

◀◀◀ **10秒チェック!** ▶▶▶

振り返り
ポイント

医療費－補てん金額＝10万円を超えた場合、医療費控除が受けられます。医療費控除は確定申告でしか手続きできないので注意! レシートや領収書は捨てずに保存しましょう。

節約する

034 ①分 minute

セルフメディケーション税制とは？

漢方薬、サプリメントは対象になるかしら？

医療費控除には「セルフメディケーション税制」という特例があります。これは、**市販の医薬品を購入した場合に控除が受けられる制度**です。

セルフメディケーション税制の対象になる医薬品は、多くの場合、外箱などにマークが入っています。また、購入したレシートにもセルフメディケーション税制の対象医薬品であることを示すマークが記されています。セルフメディケーション税制は、**この対象の医薬品の購入金額が年間1万2,000円を超えた場合**に確定申告をすると、税金が戻ってくる制度です。なお、レシートや領収書及び対象の健診を受けた証明書は提出は不要ですが、自宅で5年間保存が必要になります。

セルフメディケーション税制で控除できる金額は最大8万8,000円まで。**医療費が10万円未満でも活用できる**のがメリットです。ただし、セルフメディケーション税制は医療費控除と併用できません。**どちらか得になるほうを選びましょう。**

セルフメディケーション税制の控除額と要件

● セルフメディケーション税制の計算式

年間の対象市販薬の購入額 − 1万2,000円（最大8万8,000円）

● セルフメディケーション税制を受けるための要件

申告する人が以下のいずれかの健診を受けている**必要がある。**

1. 保険者（健康保険組合、市区町村国保等）が実施する健康診査【人間ドック、各種健（検）診等】
2. 市区町村が健康増進事業として行う健康診査【生活保護受給者等を対象とする健康診査】
3. 予防接種【定期接種、インフルエンザワクチンの予防接種】
4. 勤務先で実施する定期健康診断【事業主検診】
5. 特定健康診査（いわゆるメタボ検診）、特定保健指導
6. 市町村が健康増進事業として実施するがん検診

（出典：国税庁ホームページより）

セルフメディケーション税制の対象医薬品のマーク

健診を受けた証明書は
確定申告時に提出不要ですが、
自宅で5年間保管が必要です

10秒チェック！

セルフメディケーション税制とは市販の医薬品を購入した場合に控除が受けられる制度です。セルフメディケーション税制の対象の医薬品にはマークがあるので必ずチェックしましょう。

035 ①分 minute

忘れがちな扶養控除で税金が減らせるかも？

子どものお金のかかる時期に税金が安くなるんだ！

　扶養控除は、親族を養っている人の税金を減らす所得控除。生計を一にする（同じ財布で生活している）16歳以上の人で、所得金額が48万円以下の人を扶養している場合に控除が受けられます。給与のみの場合は、給与収入が103万円までの人が該当します。

　扶養控除の控除額は扶養している親族の年齢や同居の有無で変わります。16歳以上の子は「一般の扶養親族」として38万円ですが、19〜23歳未満の時期には「特定扶養親族」となり、63万円になります。出費が多い高校生や大学生の時期に税金が安くなるのです。また、「老人扶養親族」として、70歳以上の親等を扶養している場合にも所得控除があります。控除額は、同居の場合58万円、同居以外の場合48万円です。

　「生計を一にする」とは、子でも親等でも、必ずしも同居している必要はありません。仕送りなどをしている場合や、長期で入院している場合なども控除の対象になります。ただし、老人ホームに入居している場合は適用外です。

扶養控除の対象と控除額

扶養控除とは　親族を養っている人の税金を減らす所得控除。
16歳以上の一定年齢の人で所得金額が
48万円以下の人を扶養しているときに受けられる

● 扶養親族が**70歳未満の場合**（その年の12月31日現在）の控除額

一般の扶養親族（16歳以上）	38万円
特定扶養親族（19歳以上23歳未満）	63万円

● 扶養親族が**70歳以上の場合**（その年の12月31日現在）の控除額

同居老親等以外	48万円
同居老親等	58万円

例　所得税率10％の人が

● 高校生（16歳）を扶養していた場合
　所得税が3.8万円安くなる

● 70歳以上の同居老親等を扶養していた場合
　所得税が5.8万円安くなる

10秒チェック！

振り返り
ポイント

子どもや一緒に暮らしている両親、もしくは仕送りをし
ている親等がいる場合には要チェック。年末調整（または
確定申告）をすることで、支払う税金を減らせます。

節約する　　　　　備える　　増やす

036 ⏱1分 minute

iDeCo（個人型確定拠出年金）ってなに？

こんな便利な個人年金があるんだね！

　iDeCoは、毎月一定の掛金を自分で支払って運用し、運用の結果を60歳以降に受け取る制度です。

　iDeCoのメリットは、**積立時・運用時・受取時の３つのタイミングで税制優遇が受けられる**ことです。たとえば、所得税率が５％の人が毎月2.3万円、年27.6万円の掛金を出した場合、所得税は年間の掛金の５％（1万3,800円）、住民税は同じく10％（2万7,600円）、合計4万1,400円の節税効果が得られます。しかも、**運用で生まれた利益（運用益）が非課税になるうえ、年金を受け取るときにも税金の優遇が受けられます。**

　iDeCoは月額5,000円から利用できる制度です。掛金の上限は、国民年金の種類や企業年金の有無などで変わります。仮に転職・退職・結婚などで国民年金の種類が変わったとしても、運用した資産を持ち運んで運用を続けられるため、老後資金を確実に用意できます。

　iDeCoの商品には定期預金・保険・投資信託がありますが、おすすめは投資信託。投資信託ならば、運用益非課税のメリットを生かすことができるからです。

節税しながら老後資金を用意できるiDeCo

● iDeCoの全体像

掛金が全額所得控除 →所得税・住民税が安くなる

メリット1		メリット3
拠出 毎月拠出します	運用益非課税 →効率よくお金が増やせる	**給付**

メリット2
運用

受け取るときにも控除
→税金の負担が減る

運用結果に基づいて
資産を受け取ります

一時金 ¥

選択 併用も
できます

年金 ¥ ¥ ¥ ¥

積立期間	受取開始期間
厚生年金加入者または任意加入者は65歳、それ以外は60歳まで	60〜75歳

● iDeCoの掛金上限額は人により異なる

自営業者・フリーランス・学生
（国民年金第1号被保険者）

月額 6万8,000円
年額 81万6,000円

公務員
（国民年金第2号被保険者）

月額 1万2,000円
年額 14万4,000円

専業主婦（主夫）
（国民年金第3号被保険者）

月額 2万3,000円
年額 27万6,000円

最低5,000円から
1,000円単位で積立可能

会社員
（国民年金第2号被保険者）

企業年金なし
月額 2万3,000円
年額 27万6,000円

企業型確定拠出年金のみ
月額 2万円
年額 24万円

確定給付型企業年金あり
月額 1万2,000円
年額 14万4,000円

▶◀ 10秒チェック！

iDeCoのメリットは、積立時・運用時・受取時の3つの
タイミングで税制優遇が受けられることです。また、運
用によってお金が増えていれば、その分老後資金をたく
さん受け取れます。

振り返り
ポイント

節約する

037 ①分

ふるさと納税ってなに？

寄附金の使い道も指定できるから、やってみよう！

　ふるさと納税は、応援したい自治体に寄附をして手続きすると、寄附金控除が受けられる制度。寄附金控除によって、**所得税や住民税を安くできます**。また、寄附先の自治体からは多くの場合、各地の名産品や生活用品などの返礼品（お礼の品）を受け取ることができます。それでいて、**最終的な自己負担額は2,000円で済みます**ので、とてもお得です。

　ふるさと納税をしたら、確定申告で寄附金控除の手続きを行うことで税金が安くできます。e-Taxを利用すれば「寄附金受領証明書」「寄附金控除に関する証明書」の提出も不要です。ただし、これらの証明書は5年間保管しておきましょう。会社員・公務員の方は寄附先の自治体が5つまでであれば、ワンストップ特例制度を利用でき、**確定申告なしで税金を安くできます**。

　自己負担2,000円で済む寄附額には上限があります。上限を超えて寄附をしても税金は安くならないので、上限額を調べて寄附しましょう。

　「楽天ふるさと納税」「ふるさとチョイス」などの**ふるさと納税専用サイト**を活用すると、自分の上限額がわかるのはもちろん、返礼品を検索して選び、ふるさと納税の手続きもできるので便利です。

ふるさと納税の3つのステップ

❶ 控除の上限額を確認

上限は年収や家族構成によって細かく変わる。
ネットのシミュレーションも活用しよう

寄付した本人の年収	独身または共働き	夫婦または共働き+子1人（高校生）	共働き+子1人（大学生）	夫婦+子1人（高校生）	共働き+子2人（大学生と高校生）	夫婦+子2人（大学生と高校生）
控除上限額の目安						
300万円	28,000	19,000	15,000	11,000	7,000	―
400万円	43,000	33,000	29,000	25,000	21,000	12,000
500万円	62,000	49,000	44,000	40,000	36,000	28,000
600万円	77,000	69,000	66,000	60,000	57,000	43,000
700万円	108,000	86,000	83,000	78,000	75,000	66,000

❷ 寄附先を選んでふるさと納税を行う

ふるさと納税のサイトを活用するのが便利
返礼品を検索し寄附の手続きができる

「楽天ふるさと納税」ホームページ

❸ 寄附金控除の手続きをする

● 確定申告の場合

ふるさと納税後は確定申告をして寄附金控除の手続きをする（e-Taxなら証明書の提出不要）

● ワンストップ特例の場合

ふるさと納税時に「特例申請書」を提出する

「ワンストップ特例制度」を使うには、
・確定申告が必要ない給与所得者が対象
・その他の確定申告をする必要がないこと
・寄附先の自治体が5つ以下であること

おすすめは日用品や日持ちする品など。
普段使うものをもらえば節約に役立つ

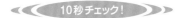

10秒チェック！

自分の年収や加入期間を確認し、上限ギリギリで寄附をしましょう。「楽天ふるさと納税」「ふるさとチョイス」をみて上限額の確認をし、返礼品も選んで自治体を応援していきましょう。

節約する

038 (1分 minute)

13年にわたって 税金が安くなる 住宅ローン控除とは？

毎年還付
されるのは
助かるわ

住宅ローンを借りると、支払った所得税や住民税が戻ってくる制度が住宅ローン控除（住宅借入金等特別控除）です。住宅ローン控除では、年末の住宅ローン残高の0.7％にあたる金額を、13年間にわたって税金から差し引くことができます。

住宅ローン控除では、一般住宅の場合**13年間で最大273万円**（年間21万円×13年間）控除でき、確定申告や年末調整を通じて還付されます。

住宅ローン控除では、まず所得税から控除しますが、本来納める所得税の金額以上に控除することはできません。そのため、所得税から控除できなかった分は、住民税からも控除ができる仕組みです。ただし、住民税の控除額には「前年度課税所得×5％、最高9万7,500円」の上限があります。

住宅ローン控除は税金を直接差し引く「税額控除」ですので、大きな節税効果が期待できます。1年目だけは確定申告が必要ですが、**2年目以降は年末調整でも手続きができます**。万が一手続きをしていない場合でも、5年以内であれば還付申告することで還付が受けられます。

住宅ローン控除で所得税・住民税が安くなる

● 住宅ローン控除の概要

入居時期	2021年12月末まで	2022年12月末まで	2025年12月末まで
控除期間	10年間	13年間	13年間（新築※1） 10年間（中古）
控除率	住宅ローンの年末残高の1%		住宅ローンの 年末残高の0.7%
最大 控除額※2	年40万円・ 10年合計400万円 （4,000万円×1%×10年）	【1～10年目】 400万円 【11～13年目】 80万円	年21万円・ 13年合計273万円 （3,000万円×0.7%×13年）
住民税の 控除上限額	前年度の課税所得×7% ［最高13万6,500円］		前年度の課税所得×5% ［最高9万7,500円］
所得制限	合計所得金額 3,000万円以下		合計所得金額 2,000万円以下

※1 省エネ住宅や認定住宅ではない場合、2024年・2025年は10年間
※2 対象となるローン残高は、省エネ住宅は4,000万円または4,500万円、認定住宅は5,000万円

● 住宅ローン控除を受けられる家の条件

新築・中古・ 増改築・リフォーム 共通	● 住宅ローンの返済期間が10年以上 ● 住宅を取得してから6か月以内に住む ● 住宅の床面積が40m²以上 ● 合計所得金額が2,000万円以下 　（床面積40～50m²未満は、合計所得1,000万円以下）など
中古	● 耐火建築物（鉄筋コンクリート）は築25年以内 ● 木造などの耐火建築物以外は築20年以内 ● 一定の耐震基準を満たしていること など
増改築・リフォーム	● 大規模な修繕など、一定の改修工事 ● 増改築・リフォームの費用が100万円以上 など

10秒チェック！

振り返り
ポイント

住宅ローン控除とは、年末の住宅ローン残高の0.7%に
あたる金額を、13年間にわたって税金から直接差し引
くことができる「税額控除」です。

節約する　　備える　増やす

039 ①分 minute

フリーランスに必須な
小規模企業共済。
加入してる？

フリーだから将来が不安。自分で身を守らなきゃ

　小規模企業共済は、フリーランスや個人事業主がお金を積み立てることで、事業を廃止したときに積み立てた金額に応じた共済金が受け取れる制度です。運用利率は掛金納付から25年目まで1.5％。以後段階的に低下し、35年目以降は1.0％となっています。公的な保険や年金が手薄なフリーランスや個人事業主の老後の退職金や年金を用意できます。

　しかも、小規模企業共済の掛金は全額所得控除（小規模企業共済等掛金控除）の対象ですので、将来のためにお金を貯めながら、税金を減らすことができます。そのうえ、銀行よりも低金利でお金が借りられる貸付制度もあります。資金繰りが苦しいときにも、病気やケガのときの備えにも、設備を増やすときの資金調達にも使えます。

　フリーランス・個人事業主の場合は小規模企業共済を最優先で活用し、さらに余裕があるならiDeCoも併用することで、節税額が大きくなります。

　ただし、20年未満で任意解約した場合には元本割れする点は覚えておきましょう（事業を廃業・譲渡した場合は元本割れしません）。

小規模企業共済の制度詳細

加入資格		従業員20名（商業とサービス業は5名）以下の個人事業主・企業の役員
掛金	掛金	1,000円〜7万円 （500円単位で自由に選択可能）
	掛金額の変更	可能（停止も可能）
	所得控除の上限	全額
受取時	受取のタイミング	● 事業をやめたとき ● 65歳以上で180か月以上払い込んだとき
	税制優遇	退職所得控除・公的年金等控除
	運用利率	● 掛金納付から25年目まで　1.5% ● 26年目以降　1.5〜1.0%（段階的に減少） ● 35年目以降　1.0%
	貸付制度	● 一般貸付制度（利率年1.5%） ● 緊急経営安定貸付け（利率年0.9%） ● 傷病災害時貸付け（利率年0.9%）など
	途中解約	可能（240か月未満での任意解約は元本割れ）

iDeCoとも併用可能

掛金が全額所得控除。最大で年84万円所得を差し引けるため、その分税金が安くできる

受け取るときにも税制優遇がある

利率の低い貸付制度も役立つ

10秒チェック！

振り返りポイント

毎月1,000円から加入でき、掛け金は全額所得控除できます。そのうえ、銀行よりも低金利でお金を借りられる貸付制度もあります。

節約する　備える　増やす

040 ⏱1分

フリーランスが
さらに使える
年金の制度は？

月額1万円でも
老後には
大きいです

　小規模企業共済やiDeCoのほかにも、老後の年金をお得に用意する制度があります。

　国民年金基金は、国民年金に上乗せして年金を給付する制度です。掛金の上限は月額6万8,000円まで。**掛金は全額、社会保険料控除として所得控除になるため、税金を減らしながら年金の上乗せができます。**

　また、付加年金は、毎月の国民年金保険料に400円の付加保険料を上乗せするだけで、将来もらえる年金額が「納付した月数×200円」増やせる制度です。たとえば、30年間付加保険料を納めた場合、付加保険料は14万4,000円かかりますが、年金を受け取るときには、年7万2,000円多くもらえる、というわけです。この増額は年金を受け取る限りずっと続きますので、**2年で元がとれ、3年目以降はずっと得になります。**

　なお、**国民年金基金と付加年金は併用ができません**が、「国民年金基金とiDeCo」「付加年金とiDeCo」の併用はできます。

国民年金基金と付加年金の主な違い

	国民年金基金	付加年金
掛金月額	月額最大6万8,000円 （iDeCoとの合計金額）	400円
受給開始	60歳または65歳	原則65歳から
受給額	月額1～2万円 （50歳までに1口加入時）	200円 ×付加年金保険料納付月数
iDeCoとの 併用	○	○

● 年金制度、どう組み合わせる？

お金を
かけられない人

付加年金からスタート
余裕ができたら
iDeCoも

運用を
任せたい人

国民年金基金なら
自分で運用する
必要なし

自分で
運用したい人

iDeCoで運用
自分で
投資先を選べる

バランスよく
取り組みたい人

国民年金基金と
iDeCoを併用

10秒チェック！

フリーランスの公的年金は国民年金のみですので、国民年金基金、付加年金、iDeCoを活用して自分自身で年金の上乗せをしましょう。

振り返りポイント

パートの人は扶養に入るべき？

　パートで働く主婦・主夫は、年収が一定額を超えてしまうと、配偶者や本人の税金が増えたり、本人の社会保険料がかかるため、年収を一定額以内に収めて働こうとする方がいます。ここでは年収の壁をご紹介します。

- **100万円の壁**：本人が住民税を払うようになります。
- **103万円の壁**：本人が所得税を払うようになります。また、配偶者が「配偶者控除」の適用を受けられなくなりますが、代わりに「配偶者特別控除」が適用されます。
- **106万円の壁**：妻（または夫）が一定の要件を満たす勤務先（所定労働時間が週20時間、勤務期間が2か月超の見込み、従業員数が101人以上※、など）に勤める場合に、社会保険に加入する必要が出てきます。
- **130万円の壁**：「106万円の壁」に該当しない勤務先に勤めている場合でも、配偶者の扶養から外れ、勤務先の社会保険か、国民年金・国民健康保険に加入する必要があります。
- **150万円・201.6万円の壁**：本人の年収が150万円を超えると、配偶者が受けられる配偶者特別控除の金額が段階的に少なくなっていきます。年収201.6万円を超えると、配偶者特別控除はゼロになります。

　このように、年収の壁を超える収入があると、控除が減ったり、税金が増えたりするため、短期的には手取りが減ってしまいます。とくに130万円の壁を超えると、社会保険上の扶養から外れ、社会保険料を本人が負担する必要があるため、手取りが大きく変わります。

　しかし、社会保険に加入することで年金が増え、傷病手当金などの給付金が受け取れます。6章で社会保険について詳しく解説しますが、日本の社会保険は手厚いので社会保険への加入はポジティブに考え、働ける余力があるのであれば、年収の壁を気にせず働くのがよいのではないでしょうか。

※従業員数の要件は2024年10月より「51人以上」になる予定です。

第4章

1分でわかる！
お金の貯め方の基本

計画しなければ絶対貯まらないのが貯蓄です。
この章では、「先取り」「自動」「強制」をキーワードに
貯蓄を仕組み化していくノウハウ、
そして、貯蓄に便利な銀行口座や経済圏、
財形貯蓄、持株制度などについて解説します。

041 ⟳①分 minute

最初の目標は
何万円？

やみくもに
貯蓄しても
続かないよー

　もしも、今までお金をまったく貯めておらず、これからお金を貯めるのであれば、まず**100万円を目標**にしましょう。

　100万円という金額は、これから用意しなければいけない金額に比べれば少ないかもしれません。しかし同時に、簡単に貯められそうで、意外と貯められない金額でもあります。

　なにより、千里の道も一歩から。本書で紹介する節約や貯蓄、投資を駆使して100万円を貯めることができたら、「100万円貯められた」という成功体験が刻まれ、お金を貯める楽しみがわかるでしょう。そうなれば、500万円でも、あるいは1,000万円でも、お金を貯めるための大きな原動力になってくれるはずです。

　このとき、**お金を貯める目的と期限を決めることがポイント**。たとえば**「3年後の旅行のために100万円貯めたい」と決めれば、右図のように、毎月約2.8万円貯める必要がある**とわかります。お金を貯めるには、行動を細かく具体的なステップに落とし込むことが必要なのです。

お金を貯めたいなら目標を立てよう

（例）3年後の旅行のために
100万円貯めたい!

目標金額		現在用意した金額		足りない金額
100万円	−	**0万円**	=	**100万円**

足りない金額		達成までの期限（月）		毎月の貯蓄額
100万円	÷	**36か月**	=	**約2.8万円**

● 毎月の貯蓄額を達成するには?

- ●スマホを格安プランに変更する
- ●保険は絶対必要な保障に絞り、他は解約する
- ●外食を月1回減らす　など

2章で
詳しく解説

10秒チェック!

まずは100万円貯めよう! そのために必要な貯蓄金額は
毎月いくらなのか? しっかり把握しましょう。目標を具
体的に立てると、どうすれば貯まるかがみえてきます。

振り返り
ポイント

貯める　　増やす

042 ①分

お金は
どうやって貯める？

10年以上
使わないお金、
あるかなぁ

　お金を貯める目的がはっきりしたら、お金を「日々出入りするお金」「5年以内に使い道が決まっているお金」「10年以上使わない将来のためのお金」の3つに分けましょう。そして、そのお金を目的にあった商品や制度で貯めます（商品・制度の詳細は7章・8章で扱います）。

　日々出入りするお金は、日常生活費やもしものときに用意しておくお金のことです。必要になったときにすぐ使えることが大切ですので、**いつでもお金を出し入れできる預貯金**で貯めましょう。

　5年以内に使い道が決まっているお金は、住宅購入や車の購入などの費用が考えられます。使うまでには多少時間がありますが、いざ使いたいというときにお金が減っていては困ります。**比較的安全性の高い定期預金や個人向け国債・社債など**を利用しましょう。

　そして、10年以上使わない将来のためのお金は、**運用で増やすこと**を考えます。税金を節約できる「iDeCo」や「つみたてNISA」といった有利な制度もフル活用することで、お金を効率よく増やしていくことができます。

お金は目的別にあった資産で貯める

短期　　　　　　中期　　　　　　長期

貯める目的	日々出入りするお金 • 食費 • 住居費 • 水道光熱費 • 日常の生活費 • もしものときの費用 　など	5年以内に使い道が決まっているお金 • 住居購入の頭金 • 車の購入費用 • 留学費用 • 結婚資金 　など	10年以上使わない将来のためのお金 • 子供の大学資金 • 老後の生活資金 　など
とくに重視すべきこと	**流動性** お金がすぐに使えること	**安全性** お金が確実に準備できること	**収益性** お金が効率よく増やせること

日々出し入れしやすく、万が一のときにもすぐに引き出せる預貯金で貯める

安全性が高く、普通預金よりも増える定期預金や個人向け国債などで貯める

株式・投資信託など、運用で増やすことを検討。iDeCoやNISAも活用しよう

◀◀◀ 10秒チェック！ ▶▶▶

お金を使う目的に合わせて、貯め方を変えるとうまくいきます。すぐ必要か、長期的に増やしていくかなど分けて考えましょう。

振り返りポイント

節約する　貯める　使う

043 ①minute分

給料の中から
どのくらい貯めればいい？

よーし、
給料の半分は
貯金するぞ！

　賃貸住まい、あるいは住宅を購入して家賃や住宅ローンを支払っている場合は、**手取りの２割は貯蓄に回す**のが理想。実家暮らしで住居費がかかっていないならば、５割と半分は貯めたいところです。そうして、まずは最初の100万円を目指してお金を貯めましょう。達成できたら、次は**生活費の６か月分、できれば１年分**を目指して貯蓄します。

　６か月分を目指す理由は、不測の事態に備えるためです。急な病気やケガで働けなくなったり、リストラや会社の倒産にあったりすることも、ないとはいえません。もしものときに少なくとも半年分の生活費があれば、非常事態があったときにも落ち着いて対処することができるからです。もしものときのお金は、すぐに使えることが重要ですので、預貯金で用意しておくと安心です。

　お金を増やす投資も、**６か月分の生活費が貯まってから本格的に行います**。とはいえ、半年分の生活費が貯まるまでには時間がかかりますので、２～３か月分程度貯まったら、500～3,000円で投資を始めていくといいでしょう。

お金の貯まる人の「貯まる仕組み」を学ぼう

銀行口座は2つ持つ

生活費口座とお金を貯めるための口座の2つを持とう（P108）

先取り貯蓄

給料から先に貯蓄を取り分け、残りのお金で生活する（P106）

貯まる仕組みを生かして貯める！

経済圏を活用

楽天経済圏やイオン経済圏を活用して生活費をお得に（P114）

ネット銀行を活用

金利が高く手数料が安いネット銀行で得する（P112）

会社の制度を利用

財形貯蓄などを活用すると強制的に貯められる（P116）

◀◀◀ 10秒チェック！ ▶▶▶

家賃や、住宅ローンを支払っている場合は手取りの2割、実家暮らしならば5割を貯めて100万円を目指しましょう！ ただ貯めるだけでなく、貯まる仕組みをフル活用して、達成しましょう。

振り返りポイント

貯める

044 1分 minute

「余ったら貯金」では
貯まらない……

うーむ

３つのキーワード、「先取り」「自動」「強制」貯蓄とは？

　お金の貯まる人は「先取り」「自動」「強制」の３つのキーワードを踏まえ、貯蓄を仕組み化しています。この３つのキーワードを満たす貯蓄を行うことで、手間なく簡単に、そして堅実にお金を貯められます。

　とくに重要なのは先取り貯蓄。先取り貯蓄は、給与などの収入があったら、先に貯蓄分を取り分け、残ったお金で生活する方法です。計算式で書くと「収入−貯蓄＝支出」です。先取り貯蓄をしておけば、残ったお金を仮に全部使ってしまっても、貯蓄分は確保できているので、貯蓄できないということはありません。確実にお金が貯まります。

　お金の貯まらない人は、収入があったら先に使ってしまい、余ったら貯蓄しようとしています。しかし、「収入−支出＝貯蓄」では、支出が多くなり貯蓄が確保できなかった場合に、貯蓄ができません。

　金融機関のサービスや会社の制度の中には、この先取り貯蓄が手間なく自動的に、強制的にできるものがあります。これらを利用すれば、普段から貯蓄のことを意識しなくても、自然とお金が貯まっていくようになります。

お金が貯まる人の「先取り貯蓄」を実践しよう

もししているなら
今月から変えよう

● お金が貯まらない人の「後から貯蓄」

収入 － 支出 ＝ 貯蓄

●支出次第で貯蓄額が変わる……
●お金を使い切ると貯蓄できない……
　→ お金が貯まらない

● お金が貯まる人の「先取り貯蓄」

収入 － 貯蓄 ＝ 支出

●毎月一定額ずつ貯められる!
●お金を使い切っても貯蓄できる!
　→ 確実にお金が貯まる

◀◀◀ 10秒チェック! ▶▶▶

給料からまずは貯める金額を引いて、支出に回すことを
「先取り貯蓄」と言います。そして、それを自動的に強
制的に行うことで貯蓄をしましょう。支出をしたあとで
貯めようとしてもなかなか貯まらないものです。

振り返り
ポイント

貯める

045 ⏱1分

銀行口座は
いくつ持つ？

自動的、強制的がミソなんですね

　銀行口座は、毎月の生活費をやりくりする「生活費口座」とお金を貯めるための「貯蓄口座」の2つを用意しましょう。

　生活費口座では、毎月の給料や報酬などの収入を受け取ります。お金が振り込まれたら、まず**先取り貯蓄で貯蓄する分のお金を貯蓄口座に移します**。このとき、**銀行の自動振替**を利用すると、生活費口座から貯蓄口座に自動的・強制的にお金を移動できるので手間がかかりません。

　生活費口座は、**各種費用の引き落とし口座に設定**しましょう。家賃・住宅ローン・水道代・光熱費・通信費・クレジットカード代・保険料など、自動で口座引き落としにできるものはすべて生活費口座にまとめることで、支出もわかりやすくなります。なお、**公共料金や保険料などはクレジットカードにまとめる**のも1つです。ポイント還元を効率よく受けられます。

　貯蓄口座からはお金を引き出さず、「**5年以内に使い道が決まっているお金**」「**10年以上使わない将来のためのお金**」を貯めていきます。お金の動きがわかりやすくなり、支出も把握しやすくなります。

お金の貯まる銀行口座の使い分け

給料・収入など

生活費口座を
みれば
支出がわかる

振込

自分で
引き出し

生活費口座

普段の生活費
日々出入りするお金

家賃
公共料金
カード代金など

自動
引き落とし

先取り貯蓄
（自動入金）

自動
引き落とし

貯蓄口座

定期預金など

つみたてNISA
iDeCoなど

自動
引き落とし

貯蓄専用口座を作るのが
貯まるポイント

貯蓄口座を
みれば
資産がわかる

- 最低でも生活費の6か月分は入れておく
- 先取り貯蓄のお金は「ないもの」として
  生活する

◤◤◤ 10秒チェック！ ◥◥◥

毎月の生活費を、やりくりする「生活費口座」とお金を
貯めるための「貯蓄口座」の2つを用意しましょう。そ
して自動振替を利用し、貯蓄口座に強制的にお金を振り
込みましょう。

振り返り
ポイント

貯める

046 ⏱1分

銀行口座の持ちすぎはNG？3つの危険に注意！

昔、バイトでつくった銀行口座が……

　銀行口座をたくさん持っている方は要注意。そこには**3つの危険**が潜んでいます。

　まず、**不正利用される可能性**があることです。2020年の「ドコモ口座」の不正利用事件は、何者かが不正に取得した銀行口座の情報を悪用したことで発生しました。つまり、銀行口座をたくさん持っていることで、不正の標的になる可能性があるのです。

　次に、**口座に手数料がかかる可能性**があること。2021年、大手銀行を中心に「口座維持手数料」「通帳発行手数料」の導入が相次ぎました。知らない間に手数料が請求されるかもしれません。

　さらに、**「休眠預金」になる可能性**もあります。休眠預金は、10年間取引のない銀行預金のこと。休眠預金となった場合は、お金が公益事業などに活用される可能性があります。休眠預金となったあとも、手続きをすれば返金されますが、返金の手間や時間がかかってしまいます。

　もし銀行口座をたくさん持っているならば、**2つは残して、あとは解約**することをおすすめします。

銀行口座の放置で起こりうる3つのこと

❶ 不正利用される可能性

ドコモ口座

2020年「ドコモ口座」（電子マネーサービス）の不正利用。
銀行口座に不正なドコモ口座が登録されたことで発生

不正への対策や返金などの補償は行われたが、
不正利用そのものが今後もないとは限らない

❷ 手数料がかかるようになる可能性

● 主な口座維持手数料・通帳発行手数料の導入銀行

導入時期	銀行名	概要	金額（税込）
2021年1月	みずほ銀行	紙の通帳を利用する場合（70歳未満のみ）	1冊1,100円
2021年4月	三井住友銀行	紙の通帳を利用する場合（18～74歳のみ）	1冊550円
		ネットバンキングを使わず、2年以上入出金がなく、残高が1万円未満（18～74歳のみ）	年1,100円
2021年7月	三菱UFJ銀行	2年以上未利用	年1,320円

いずれも
・導入前に開設された口座は対象外
・Web通帳は手数料がかからない

今後新たに手数料が
かかるようになる可能性も

❸ 休眠預金になる可能性

2009年1月以降、
9年間以上取引のない
預金

1万円以上

1万円未満

金融機関から
郵送・メール等で通知

通知が届かず、
取引もない場合…

10年目以降に
休眠預金に！

休眠預金になったあとも
手続きすれば返金されるが、
手間も時間もかかる

10秒チェック！

振り返り
ポイント

銀行口座を持ちすぎると管理が行き届かなくなり、不正
利用される原因になります。さらに口座維持手数料、通
帳発行手数料を取られる可能性もあります。

貯める

047 ⏱️1分

ネット銀行の
おすすめはどこ？

えっ、大手銀行で口座をつくるメリットは少ないの？

　銀行口座のおすすめは、**ネット銀行**です。ネット銀行では、残高確認や他口座への振り込みはスマホやパソコンを使って24時間可能。わざわざ銀行の店頭に足を運ぶ手間もなくせます。

　ネット銀行の中には預金金利が0.1％得られるところもあります。そのうえ、現金が必要な場合も、近所のコンビニにあるATMなどで引き出せます。さらに、ネット銀行によっては、利用状況に応じて振込手数料や入出金手数料が無料になるなどの特典を利用できる場合もあります。ネット銀行の多くは店舗を持たないため、店舗のある銀行に比べて費用がかかりません。そのぶん、**金利や手数料のサービスが充実している**というわけです。

　メガバンクをはじめとする**大手銀行を利用するメリットは、残念ながら現在はほとんどありません。**それどころか、P110で紹介したとおり、今後は口座を持っているだけで手数料がかかるケースも考えられます。

　生活費口座・貯蓄口座は、手数料が安くてサービスも充実しているネット銀行から選びましょう。

お得なネット銀行のサービス例

● 金利が高くなるネット銀行

銀行	金利（年・最大）	条件
auじぶん銀行	0.20%	au PAYアプリ、au PAYカード、auカブコム証券と指定の方法で口座を連動
楽天銀行	0.10%※	楽天証券との口座連携（マネーブリッジ）
イオン銀行	0.10%	イオン銀行Myステージの点数150点以上

● コンビニ入出金手数料の安いネット銀行

銀行	手数料	条件
ソニー銀行	入金無料 出金月4回まで無料	とくになし（5回目以降は110円・利用状況に応じて出金も無制限で無料）
住信SBIネット銀行	入出金とも月2〜20回無料	スマプロランクで変わる（スマート認証NEOの登録で月5回無料）
イオン銀行	入出金とも月1〜5回無料	イオン銀行Myステージのランクで変わる（ミニストップは無条件で無料・セブンイレブンでは使用不可）

● 他行宛振込手数料の安いネット銀行

銀行	手数料	条件
住信SBIネット銀行	月1〜20回無料	月1回（スマート認証NEOの登録で月5回）無料 取引状況に応じて、最大20回まで無料
auじぶん銀行	月3〜15回無料	じぶんプラスのステージで変わる 三菱UFJ銀行宛は振込手数料無料
イオン銀行	月最大5回無料	取引状況に応じて、最大5回まで無料

（2023年4月3日時点）

※普通預金残高300万円を超えた分は年0.04%

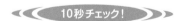

10秒チェック！

ネット銀行は、預金金利が高い銀行があります。また、店舗を持たないため、各種手数料も安いです。今はオンラインの時代。ぜひ賢く活用しましょう。

振り返りポイント

節約する　貯める　使う

048 ①分minute

お得な経済圏とは？

ポイントを
上手く貯めなきゃ

　系列の多種多様なサービスを複数使うことで、サービスがより便利に
なったり、割引やポイントなどの特典を受けられたりする経済圏。

　おすすめは**楽天とイオン経済圏**。楽天はネット通販の楽天市場をはじ
め、さまざまなサービスを展開しています。楽天カードの「ＳＰＵ」では、
楽天の対象サービスを利用し、条件を達成すると楽天市場での買い物が
ポイントアップします。またイオンでは右表にある特典のほか、電子マネー
のＷＡＯＮを系列店で利用することでＷＡＯＮポイントを貯めることがで
きます。また、イオン銀行との取引状況に応じて、金利の優遇や振込手
数料無料化などのサービスも受けられます。

　ドコモではｄカードとｄ払いを組み合わせてポイントの二重取りが可能。
ｄカードGOLDならドコモの携帯・光回線代でも10％還元が受けられます。

　auでは毎月3のつく日の「三太郎の日」に還元率がアップ。auスマー
トパスプレミアム会員ならば、ネットショッピングのau Payマーケットの
還元率も「買い得メンバーズ」の条件達成で最大9％にアップします。

楽天経済圏・イオン経済圏を使おう

● 楽天「SPU（スーパーポイントアッププログラム）」

基本還元率：1倍

サービス	倍率	サービス	倍率
楽天モバイル＋会員ランク特典	最大＋3倍	楽天ウォレット	＋0.5倍
楽天カード	＋2倍	楽天ビューティ	＋0.5倍
楽天プレミアムカード	＋2倍	楽天市場アプリ	＋0.5倍
楽天ひかり	＋1倍	楽天ブックス	＋0.5倍
楽天銀行＋楽天カード	＋1倍	楽天kobo	＋0.5倍
楽天トラベル	＋1倍	Rakuten Pasha	＋0.5倍
楽天証券 投資信託	＋0.5倍	Rakuten Fashionアプリ	＋0.5倍
楽天証券 米国株式	＋0.5倍	楽天モバイルキャリア決済	＋0.5倍

- 複数のサービスを使う→楽天市場でのポイント最大16倍
- 各サービスの支払いでも楽天ポイントが貯まる

使うほど楽天ポイントが貯まる!

● イオンの買い物がお得になる日

5日・15日・25日	お客さまわくわくデー	ポイント2倍
10日	ありが10デー	ポイント5倍
20日・30日	お客さま感謝デー	5％OFF

● イオン銀行Myステージ

イオン銀行スコアの例

イオンカードセレクト所持：10点
WAONオートチャージ設定：10点
積立式定期預金の口座振替：10点
投信自動積立：30点
住宅ローン残高：30点
給与の受け取り：30点

合計 120点

イオン銀行の利用状況により貯まる「イオン銀行スコア」によって特典が受けられる

ゴールドステージ
- 普通預金金利が0.05％にアップ
- 他行ATMでの入出金手数料が月3回無料
- 他行宛振込手数料が月3回無料

（2023年4月3日時点）

◀◀◀ 10秒チェック! ▶▶▶

振り返りポイント

系列のサービスを網羅的に使って、お得なサービスを受けられるのが経済圏！ ポイントアップサービスや金利の優遇が受けられるサービスもたくさんあります。おすすめは楽天とイオン経済圏です。

節約する　貯める　備える

049 ①分 minute

会社の制度、財形制度はどう使う？

結局、貯蓄には強制力が必要なのね

　財形貯蓄は、毎月の給料やボーナスなどからお金を天引きし、積立で貯めることができる制度です。財形貯蓄にはお金の使い道に応じて、「一般財形貯蓄」「財形年金貯蓄」「財形住宅貯蓄」の3つがあります。

　一般財形貯蓄は、お金の使い道が自由な貯蓄。幅広い目的にお金を使えます。**財形年金貯蓄**は年金、**財形住宅貯蓄**は住宅購入・増改築・リフォームなどのための貯蓄です。今は利息が低いですが、今後金利が上がったとしたら、非課税のメリットも大きくなります。

　財形住宅貯蓄で教育資金を貯めるのも1つの方法です。財形住宅貯蓄で貯めたお金を住宅以外の目的に使うと、利息に税金がかかります。しかし、税金が遡ってかかる期間は「過去5年間」なので、5年より前の利息に対しては税金がかかりません。つまり、**一般財形貯蓄で貯めるよりも利息にかかる税金が少なくて済む**、というわけです。

　財形貯蓄は、お金を引き出す際には、会社での手続きや上長の印鑑などが必要になるなど、手間がかかります。しかし**この手間こそが、強制的に貯めるためのメリット**になります。

3つの財形貯蓄

	一般財形貯蓄	財形年金貯蓄	財形住宅貯蓄
利用できる人	サラリーマン・公務員	満55歳未満のサラリーマン・公務員	満55歳未満のサラリーマン・公務員
資金の使いみち	自由	年金 年金以外の払い出しは利息に課税される	住宅建設・購入・リフォーム 住まいの資金以外の払い出しは利息に課税される
積立期間	原則3年以上	原則5年以上	原則5年以上
利息の税制優遇	なし（課税される）	「財形住宅貯蓄」と合わせて元利合計550万円まで非課税	「財形年金貯蓄」とあわせて元利合計550万円まで非課税
備考	積立限度額なし複数契約することもできる	● 受取期間は満60歳以降、5年以上20年以内（保険商品の場合終身受取も可能） ● 積立終了から年金受取開始まで、5年以内の据置期間を設定可能	建設・購入する住宅の要件 ● 床面積50m²以上※ ● 一定の耐震基準を満たす ● 勤労者自身が住む リフォームの要件 ● 工事費用の総額が75万円を超える　など

※2023年12月末までに建築確認を受けた新築住宅の場合は40m²以上

10秒チェック！

給料やボーナスからお金を天引きし、積立できる制度。簡単には引き出せないので、確実にお金が貯まっていきます。

振り返りポイント

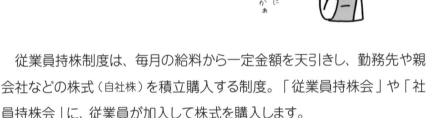

貯める　　　　　増やす

050 ①分 minute

従業員持株制度は使うべき？

うーん、
要するに
業績次第かぁ

　従業員持株制度は、毎月の給料から一定金額を天引きし、勤務先や親会社などの株式（自社株）を積立購入する制度。「従業員持株会」や「社員持株会」に、従業員が加入して株式を購入します。

　従業員持株制度を利用すると、多くの場合会社から**購入補助金**（5%または10%がほとんど）が受け取れるため、普通に買うよりお得です。**業績がよければ株価も上がり、資産も増える**ことになりますので、仕事にも張り合いが出ることでしょう。

　しかし、**逆に業績が悪ければ、給与減・ボーナス減と株価下落による資産減のダブルパンチ**となる可能性も。自分の収入も資産も勤務先に集中しているため、損失が大きくなってしまいます。また、普通の株式と違って**売却に手続きと時間がかかるうえ、株主優待ももらえません**。

　従業員持株制度は使うにしても少額にとどめ、他の制度を優先することをおすすめします。

従業員持株制度はほどほどに

● 従業員持株制度のイメージ

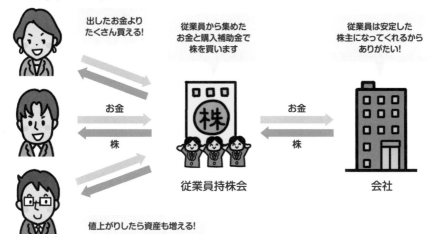

出したお金より
たくさん買える!

従業員から集めた
お金と購入補助金で
株を買います

従業員は安定した
株主になってくれるから
ありがたい!

お金

株

お金

株

従業員

従業員持株会

会社

値上がりしたら資産も増える!

従業員も会社もうれしい制度にみえるが…?

● 従業員持株制度のデメリット

- ●会社の業績が悪くなって株価が下がると損失が出る
  →給料ダウンとのダブルパンチもありえる
- ●売却に時間や手間がかかる
  →インサイダー取引を防ぐため手続きが大変
- ●株主優待がもらえない
  →普通に購入したほうがお得になるケースも

10秒チェック!

従業員持株制度を利用すると、多くの会社から購入補助金（5〜10%）が受け取れるので、普通に購入するよりお得です。ただ、デメリットもある制度なので少額にとどめましょう。

振り返り
ポイント

節約する　　　　　　　　　備える　　増やす

051 ⏱1分 minute

企業型確定拠出年金ってなに？

皆に
やさしい
しくみだね

　企業型確定拠出年金（企業型DC）は、**iDeCoの企業版**です。iDeCoと大きく違うのは、掛金を出すのが会社だということ。掛金を従業員がみずから運用して老後の資金を作る点、運用の成果が60歳以降に受け取れる点は、iDeCoと同じです。

　企業型DCの掛金は、会社から支払われるにもかかわらず、**給料として扱われません**。つまり、企業型DCならば**税金や社会保険料が引かれる前に積立ができます**。そのうえ、iDeCoと同じく運用益が非課税になりますし、受け取るときも税金を安くする控除を利用できます。

　「マッチング拠出」が採用されていれば、会社の掛金に、従業員が掛金を上乗せすることができます。上乗せした掛金は**全額所得控除**になります。

　2022年10月からは、企業型DC加入者がiDeCoに加入しやすくなりました。**企業型DCに加えてiDeCoも併用すれば、iDeCoの所得控除の効果も得られるためお得**。ただし、企業型DCとiDeCoを併用する場合、掛金の上限額が定められています。

企業型DCとiDeCoの違い

	企業型DC	iDeCo
加入者	制度を導入している会社の従業員 （基本的に全員加入）	国民年金保険料を納めている加入希望者 （加入は任意）
掛金の拠出者	会社（加入者も一緒に拠出する「マッチング拠出」もある）	加入者
毎月の掛金の上限	毎月27,500円または55,000円 （会社の年金制度の有無により異なる）	毎月12,000～68,000円 （加入者により異なる）
加入できる年齢の上限	70歳まで （会社により異なる場合あり）	65歳まで ※厚生年金加入または任意加入していない場合は60歳まで
運用商品	会社が利用している金融機関の定期預金・保険・投資信託	自分で選んだ金融機関の定期預金・保険・投資信託
運営にかかる手数料	会社が負担	個人が負担

● 企業型DCとiDeCoを併用するときの毎月の掛金の上限

	企業型DCのみ加入	企業型DCと 確定給付型年金に加入
企業型DCの掛金	55,000円以内	27,500円以内
iDeCoの掛金	20,000円以内	12,000円以内
合計	55,000円以内	27,500円以内

例）企業型DCのみ加入、掛金4万円の方→iDeCoの掛金は15,000円まで
（55,000－40,000＝15,000）

10秒チェック！

運営にかかる手数料は会社が負担してくれます。また、iDeCo同様に運用益が非課税になり、受け取るときも税金を安くする控除も利用できます。

振り返りポイント

みんないつ頃から貯め始める？

　1章で、20代から60代まで、どの年代にも貯蓄1,000万円以上の人がいる一方で、貯蓄ゼロの人もいることを紹介しました。1,000万円は、結構な金額です。貯蓄の目的を明確にして、貯める仕組みを活用していかないと、そう簡単には貯められません。

　お金の情報サイト「まねーぶ」が全国の20～40代の貯金1,000万円以上保有者を対象に行なった「貯金1,000万円以上保有者への調査結果」によると、貯金1,000万円を達成するまでの期間の平均は11.4年、貯金を続けている期間は平均13.3年とのこと。仮に1,000万円を11.4年かけて貯蓄だけで貯めるとしたら毎月約7.3万円、13.3年なら毎月約6.3万円ずつ貯めなくてはならない計算です。

　とくに若い人からは「毎月6.3万円でも厳しい」という声が聞こえてきそうです。その場合は毎月の貯蓄額を少なくして、長く続ければいいのです。仮に月5万円にすれば約16.7年、月3万円にすれば約27.8年で貯蓄が1,000万円に達することになります。さらに投資を組み合わせることによって、より早く1,000万円を目指すことも可能です。

　7章でも改めて扱いますが、お金を増やすにあたって、時間を味方につけることはとても効果的です。ですから、みんないつ頃から貯め始めるかを気にしている時間があるならば、いますぐ貯め始めるべきです。

　人生には、比較的支出の少ない「お金の貯めどき」が3回あるといわれています。「就職してから結婚するまで」「結婚後、子どもが高校生の時期まで」そして「子どもの大学卒業後から退職まで」です。もし該当するなら、やはりいまが貯蓄の始めどきです。

第5章

1分でわかる！
お金の使い方の基本

お金を貯めるにはメリハリのついた支出が肝心です。

この章では、クレジットカード、電子マネー、

スマホ決済をうまく使ってポイント還元をお得にする方法と、

費用対効果を意識した

自分への投資の重要さを解説します。

使う

052 ⏱1分 minute

メリハリのついた支出はどうやるの？

衝動買いには要注意だね……

　お金を節約し、貯蓄に回す仕組みは大切です。しかし、お金の貯まる人は支出を極限まで切り詰めているのかというと、そんなことはありません。**お金の貯まる人は、メリハリのついたお金の使い方をしています。**

　お金の貯まる人は、支出の価値基準を明確に持ち、自分にとって価値があると判断したものやサービスには惜しみなくお金をかけます。逆に、いらないものはいらないと、はっきりしています。そして、**何にどのくらいお金を使っていいのか予算を決めて、それ以上はお金をかけないように**します。

　反対に、**お金の貯まらない人の多くに共通するのが「せっかくだから」**という口癖です。不要な買い物が多く見受けられます。また、**予算を決めていないので気がついたらお金がない**ということもしばしば。これではお金は貯まりませんし、満足度も低くなってしまいます。

　支出に優先順位をつけて、「**どうしてもこれだけは**」というところにはお金をかけてこだわってOKです。しかし、それ以外のところは安く済ませること。支出のメリハリをつけましょう。

「貯まらない人」のお金の使い方

支出の価値基準がない

人に勧められたり、流行を気にしたりして、さほど必要でないと思ってもつい買ってしまう

自分にとって本当に必要なものかどうかを見定めてから買う。支出に予算を決めて衝動買いをストップ

日常の消費がすべてワンランク上

「ちょっといいものが欲しい」と食べ物、洋服、家電などをワンランク上のもので揃えている

どうしてもこだわりたいものにはこだわり、優先順位の低いものは安く済ませるとメリハリがつく

費用対効果を意識していない

まとめ買いした食材をダメにしたり、自己投資と称して買った本などを読まなかったりしている

自己「投資」だからリターンが大事。本当に自分に役立つのかを吟味してから買うようにする

振り返りポイント

◀◀◀ 10秒チェック！ ▶▶▶

「せっかくだから」という思考はNG！自分にとって「どうしてもこれだけは」というものにお金を使いましょう！予算を決めておくと、無駄遣いしなくて済みます。

節約する　　使う

053 ①分

キャッシュレス決済はたくさんやるべき？

キャッシュレス決済でポイント貯めるぞ！

　お金の支払いはなるべく現金ではなく、**クレジットカード**、電子マネー、スマホ決済といった**キャッシュレス決済**を活用しましょう。

　キャッシュレス決済を使うと、ポイント還元や割引などが受けられ、次回以降の買い物がお得になります。また、支出の記録も利用明細や利用履歴をみれば済むので簡単です。そのうえ、レジの会計の際に、小銭を財布から取り出す手間もなくせます。現金を触らないので感染症対策にもなります。さらに、スマホ決済の中には割引クーポンなどのサービスが受けられたり、無料でお金を送金したり、請求書のバーコードを読み取って支払ったりできるものもあります。**現金では得られないメリットが満載な**のです。

　もっとも、キャッシュレス決済が便利だからといって、あれもこれも使うとかえって混乱しますし、せっかく貯まるポイントも分散し、使いにくくなります。ですから、**キャッシュレス決済も銀行同様、利用する数を絞って使いましょう**。

キャッシュレス決済は5つまで

● キャッシュレス決済が多いと……

> どこにいくらチャージした?
> 今月いくら使った?
> ポイントどれだけ貯まった?
> …わかりにくい!

● キャッシュレス決済を5つに絞ると……

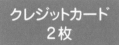

クレジットカード
2枚

電子マネー
1枚

スマホ決済
2つ

これならお金の流れがわかりやすい!
ポイントも集中するから使いやすい!

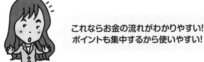

10秒チェック!

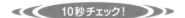

キャッシュレス決済はポイント還元、手間いらずなどメリットがたくさん。ポイントは5つに絞ること!具体的には、「クレジットカード2枚」「電子マネー1枚」「スマホ決済2つ」です。

振り返り
ポイント

節約する　　　使う

054 ① minute 分

クレジットカードは何枚持つ？

入会特典目当てにつくったカードが何枚も……

　キャッシュレス決済は、自分の行動パターンを考え、よく行く店やよく使うサービスでお得に使えることが大切です。

　クレジットカードには、発行するカード会社によって、交通系、流通系、通信系、銀行系、石油系など、さまざまなジャンルがあります。例えばデパートやスーパーで買い物をするなら対象の店舗で割引の受けられる**流通系カード**、ネットショッピングをするなら**通信系カード**という具合に、よく使うシーンを想定して絞り、使っていきましょう。

　ポイント還元率1％と0.5％では、もらえるポイントが2倍違うのですから、なるべく高いものを選びます。その際、**カード保有者に付帯する特典もチェック**。自分の利用する店が優待店（特約店）になっている場合、さらに還元率が高くなることもあります。保険や空港のラウンジサービスなど、自分の生活に生かせる特典がついていればなおお得です。

　また、国際ブランドも2枚別々のものにすれば、より利用できる店舗が広がります。**1枚はシェアの多いVISA**にしましょう。もう1枚は同じくシェアの多い**Master**か、**国内で利用可能店舗の多いJCB**がいいでしょう。

主なクレジットカードのジャンル

ジャンル	特徴	主なカード
交通系	• 鉄道会社や航空会社が発行 • 交通系電子マネーと一体になっているものが多い • 定期券と一体になっているものもある	• ビックカメラSuicaカード • ANA To Me CARD PASMO JCB（ソラチカカード） • TOKYU CARD ClubQ JMB PASMO など
流通系	• スーパーやコンビニが発行 • 系列店の利用でポイント還元や割引が得られるものが多い • 系列の電子マネーと一体になっているものもある	• イオンカードセレクト • セブンカード・プラス • OMCカード など
通信系	• ショッピングサイトや通信機器などの会社が発行 • 関連サイトでの買い物でポイント還元・割引が多い • 有料のサービスが実質無料で使えるようになるものもある	• 楽天カード • dカード • PayPayカード など
銀行系	• 主に銀行が発行 • キャッシュカードと一体になっているものもある • 銀行のATM利用手数料や振込手数料が無料になるサービスも	• 三井住友カード • 三菱UFJカード • みずほマイレージクラブカード など
石油系	• 石油・ガソリンの会社が発行 • ガソリン価格が安くなったり、ポイントがついたりする • ロードサービスが付いてくるものもある	• ENEOSカード • apollostation card • コスモ・ザ・カード・オーパス など

10秒チェック！

振り返りポイント

2枚持ちましょう！ 交通系、流通系を組み合わせて使ったり、VISAとMasterを組み合わせて使ったりして、ポイントの適用範囲を広げていきましょう！

使う

055 ①分 minute

クレジットカードを たくさん持つのは ダメ？

年会費を払ったばかりだと解約しにくいのね

銀行口座同様、**クレジットカードもたくさん持っているのは危険**です。

まず、不正利用のリスクがあります。とくに、普段使っていないカードの場合、管理やチェックもあまりしないため、**不正に利用されても気が付かない恐れ**もあります。少額の決済であれば、端末にタッチしたり差し込んだりするだけで使える店舗もあるので、なくした場合も危険です。

次に、年会費がかかる可能性があります。カードの年会費は「初年度無料」「年1回以上の買い物があれば無料」が多いため、年会費がかかることを忘れがち。

また、**新しくカードを作りにくくなることも**。カード契約者の与信枠（カードで利用できるお金）の合計（総与信枠）は、カードの枚数が多いほど大きくなります。総与信枠が返済能力より大きい場合、新たにカードが作れなくなる恐れがあるのです。

そして、**住宅ローンなどの審査にも影響が出る場合**があります。分割払いやリボ払いの利用、キャッシングを利用しなくてもキャッシング枠があると、融資額が減ったり、審査に通りにくくなったりする場合もあります。

クレジットカードの4つの危険

❶不正利用される可能性

……番号を覚えた
あとでネットで使おう……

カードの情報（あるいは、カードそのもの）が盗まれて使われてしまう。2021年の不正被害額330.1億円のうち311.7億円が番号を盗んで悪用する「番号盗用被害」※

❷年会費がかかる可能性

初年度
無料

（2年目以降1,500円（税込））

カードの年会費は初年度無料になっていることが多い。これを忘れて申し込み、解約しないでいると、2年目以降に年会費を払うことになってしまう

❸カードが作りにくくなる

これ以上は
無理!

総与信枠は個人が利用できると考えられる金額の合計。カードが多いと総与信枠が多くなり、限界に達するとそれ以上カードを作りにくくなってしまう

❹住宅ローンにも影響

まずは他の借金を
返してからね

リボ払いや分割払いが多い場合、住宅ローン以外に返済すべき借入額が多いとみなされ、審査に落ちる可能性がある。返済を滞納した場合も危険

（※日本クレジット協会「クレジットカード不正利用被害の発生状況」より）

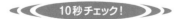
10秒チェック!

振り返り
ポイント

クレジットカードはメリットもありますが、デメリットもあります。多く持っていればそれだけリスクにさらされますので、不要なカードは解約しましょう!

使う

056 ①分 minute

クレジットカードで利息を払いすぎてない？

利息がつくのはわかってるんだけど……

　カード払いの支払い方法には、一括払い・ボーナス一括払い・2回払い・分割払い・リボ払いなどがあります。このうち、分割払いとリボ払いでは、**返済時に所定の手数料（利息）がかかるため、割高になります。**

　クレジットカードの利用残高を毎月一定額ずつ支払う「定額方式」と、残高に応じて段階的に支払額が変わる「残高スライド方式」があります。どちらの方式でも、毎月の返済額を抑えられるため、「急な出費があっても安心」などと説明されます。

　しかし、**リボ払いの返済は長期化します。**ただでさえ毎月の返済額が少なく元本が減りにくいうえ、**年利15〜18％もの高い手数料がかかる**からです。そのため、いつまでも返済が終わらないのです。事実、リボ払いの返済が終わらずに苦しんでいる人もたくさんいます。

　クレジットカードを使うときは、**原則一括払い**、どうしても厳しい場合でも2回払いまでにしましょう。どちらも利息はかかりません。お金を貯めたいなら、リボ払いは絶対に使うべきではありません。

リボ払いには要注意！

● カード払いの返済方式の違い

返済方式	手数料	特徴
一括払い	なし	毎月の利用額を、翌月の引落日に1回で返す方式
ボーナス一括払い	なし	夏や冬のボーナス時に1回で返す方式
2回払い	なし	毎月の利用額を、翌月と翌々月の引落日に分けて返す方式
分割払い	あり	利用額に手数料を上乗せした金額を3回以上に分けて返す方式
リボ払い	あり	利用額ではなく、残高に応じて毎月一定額ずつ返す方式

分割払いやリボ払いでは金利手数料が発生する

● リボ払いの返済総額は高額に！

（例）リボ払いで10～50万円買い物し、月5,000円・1万円ずつ返済した場合の返済回数・返済総額・利息総額（買い物は1回のみ・定額返済・年利18％と仮定）

（円）

買物額	月5,000円ずつ返済			月10,000円ずつ返済		
	返済回数	返済総額	利息総額	返済回数	返済総額	利息総額
100,000	24	119,783	19,783	11	109,162	9,162
200,000	62	307,725	107,725	24	239,565	39,565
300,000	155	773,279	473,279	41	401,549	101,549
400,000	完済できず			62	615,449	215,449
500,000	完済できず			94	931,118	431,118

30万円の買い物をリボ払い（月5,000円）にしたら、
返済回数は155回、利息は47万円に！

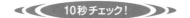
10秒チェック！

振り返りポイント

リボ払いは年利15～18％もの手数料がかかり、返済が
長期化するので利用するのはやめましょう。

節約する　　　使う

057 ①分 minute

電子マネーは
何を使う？

クレジットカードより
お手頃だね！

　電子マネーは、**電車をよく使うなら交通系がおすすめ**。中でも、スマホアプリの「モバイルSuica」は、JR東日本の在来線に乗車する際、50円ごとに1ポイントのJRE POINTが手に入るうえ、ビューカードなどのクレジットカードでチャージするときにもJRE POINTがもらえます。JRE POINTはモバイルSuicaにチャージして使えます。

　電車を使わないならば、**買い物に役立つ電子マネーを選びましょう**。

　イオンの「電子マネーWAON」は、会員登録して使うだけで、イオングループでの買い物での還元率が2倍となります。そのうえ、「お客さま感謝デー」の5％割引などの特典も活用可能。さらに、イオンカードセレクトなどのクレジットカードでオートチャージを利用すると200円で1ポイントが貯まります。

　また、「nanaco」はイトーヨーカドーなどで毎月8のつく日に開催される「ハッピーデー」に利用すると5％割引やポイント4倍などの特典が受けられます。セブンカード・プラスなどのクレジットカードでチャージすることで、200円ごとに1ポイント貯められます。

1枚に絞る電子マネーはこれ

電車をよく使うなら

モバイルSuicaがおすすめ

モバイルSuica

電車乗車時の還元率が高い!
モバイルSuica：50円で1ポイント（還元率2%）
カード式Suica：200円で1ポイント（還元率0.5%）

オートチャージでポイント
ビューカードやJREカードでオートチャージすると
1,000円ごとに15ポイントもらえる（還元率1.5%）

電車を使わないなら

WAONやnanacoがおすすめ

電子マネーWAON

nanaco

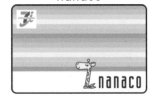

- イオンで毎月20日/30日に開催される「お客様感謝デー」にWAONで支払うと5%OFF
- イオンカードセレクトのオートチャージで200円で1ポイント

- イトーヨーカドー等で8のつく日に開催「ハッピーデー」に5%オフやポイント4倍の特典
- セブンカード・プラスのチャージで200円で1ポイント

◀◀◀ 10秒チェック！ ▶▶▶

1枚で大丈夫です。モバイルSuica、WAON、nanacoがおすすめです。自分の行動パターンに合わせて利用しましょう。

振り返りポイント

058 ①分 minute

やっぱりポイントが決め手ですね

気になる スマホ決済！ どれを使えばいい？

　スマホ決済では多くの場合、クレジットカードと同様にポイント還元が受けられます。現金で支払ってもポイントはもらえませんが、その**現金をスマホ決済アプリにチャージして支払うだけでポイントがもらえる**のですから、使わない手はありません。キャンペーンで還元率や割引率が大きくアップすることもあります。そのうえ、家族や友達にお金を送り合うことも可能。どこで買い物したかの履歴も残るので、**家計管理にも役立ちます**。

　スマホ決済アプリも、クレジットカードや電子マネー同様、生活の中で使えることが大切。その点で考えると、**PayPay**は外せません。大手のチェーン店はもちろん、個人経営のお店などでも、「PayPayは使えます」というところが多いからです。基本の還元率は0.5％です。

　もうひとつ選ぶなら、普段利用しているサービスと相性のいいアプリを選びましょう。例えば**楽天ポイントを貯めているなら楽天ペイ、メルカリをよく使っているならメルペイ**という具合に、経済圏に合わせたスマホ決済を利用すれば、同じポイントが貯めやすくなります。

主なスマホ決済5選

スマホ決済	基本還元率	特徴
必携 **PayPay**	**0.5%** PayPayあと払いの利用で 翌月+0.5% 月30回300円以上・10万円以上利用で 翌月+0.5%	• 利用できる店舗が多い • Yahoo!ショッピングでPayPay支払いをすると最大5%還元 • ソフトバンクユーザーは特別なクーポンがもらえる • キャンペーンで大幅還元も
d払い	**0.5%** dカードやdポイントカードと 組み合わせて1.0〜2.0%の 二重取り・三重取り可能	• dポイントクラブのランクに応じてdポイントが貯まりやすくなる • ドコモユーザーにお得な還元多数 • 毎週金・土の「d曜日」はネットショッピング最大4%還元
楽天ペイ	**1%** 楽天カードから楽天キャッシュへの チャージ払いで最大1.5%、 楽天ポイントカード提示で最大1%、 合計で最大2.5%還元可能	• 楽天ポイントを普段の支払いに使える • 楽天カードをはじめ、楽天経済圏で使いやすい • 還元率がアップするキャンペーンやプレゼントあり • 提携サイトでのネットショッピングもできる
メルペイ	**0%**	• メルカリの売上金を買物に使える • チャージしたお金をメルカリで利用できる • モバイルSuicaにもチャージできる • ポイント還元・割引クーポンが配信
au Pay	**0.5%** Pontaカードまたは Pontaアプリと組み合わせて 1.0%の二重取りが可能	• Pontaポイントが貯まる • 楽天ペイの使える店舗でも使える • 3のつく日は「三太郎の日」、5のつく日と8日は「たぬきの吉日」で特典あり

（2023年4月3日時点）

10秒チェック！

PayPayは対象店舗が多いので外せません。もうひとつは自分が使っているサービスを考えて使いましょう。基本的には2つスマホ決済を考えておくと賢い消費につながります。

振り返りポイント

節約する 使う

059 (1分 minute)

賢く使っている？ ポイントの「二重取り」 「三重取り」

意識してポイントを賢く稼いじゃおう！

　ポイント還元をさらにお得にするためには、**ポイントの二重取り・三重取り**が欠かせません。キャッシュレス決済を組み合わせたり、店頭で所定のポイントカードを提示したりすることで、1回の買い物でもらえるポイントを増やすことができるからです。

　例えば、電子マネーやスマホ決済の支払い方法にクレジットカードを指定すれば、電子マネーやスマホ決済のポイントとクレジットカードのポイントの両方がもらえます。また、ポイントカードを提示してクレジットカード払いをすれば、ポイントカードのポイントとクレジットカードのポイントの両方がもらえます。これが**ポイントの「二重取り」**です。

　さらに、電子マネーやスマホ決済の支払い方法にクレジットカードを指定し、買い物のときにポイントカードも提示することで、**ポイントの三重取り**も実現可能。実質的な還元率を大幅にアップできます。

二重取り・三重取りのパターン

 二重取り **ポイントカードを提示して
キャッシュレス決済**

❶提示　　　　❷支払い

ポイントカード　＋　キャッシュレス決済

組み合わせ例

・Tポイントカード＋Tカード Prime
・Pontaカード＋au PAYカード など

 二重取り **電子マネー（スマホ決済）のチャージを
クレジットカードで行う**

❶チャージ　　　❷支払い

クレジットカード　＋　電子マネー
（スマホ決済）

組み合わせ例

・イオンカードセレクト＋電子マネーWAON
・セブンカード・プラス＋nanaco
・au PAYカード＋au PAY など

 三重取り **ポイントカードを提示して、スマホ決済の
支払い（チャージ）をクレジットカードで行う**

❶提示　　　❷支払い設定　　　❸支払い

 ＋

ポイントカード　＋　クレジットカード　＋　スマホ決済

組み合わせ例

・楽天ポイントカード＋楽天
カード＋楽天ペイ
・dポイントカード＋dカード＋
d払い など

振り返り
ポイント

◀◀◀ **10秒チェック！** ▶▶▶

電子マネーやスマホ決済の支払い方法にクレジットカードを指定し、ポイントを二重・三重に上手く稼いでいきましょう！

節約する　　　　使う

060 ⏱1分

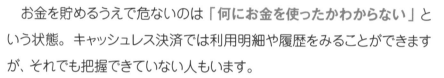

使途不明じゃない
お金のほうが
少ないっす！

無意識に生まれる「使途不明金」とは？

　お金を貯めるうえで危ないのは「**何にお金を使ったかわからない**」という状態。キャッシュレス決済では利用明細や履歴をみることができますが、それでも把握できていない人もいます。

　贅沢をしていないのにお金が貯まらないという人は、「**ラテマネー**」が多いのかもしれません。ラテマネーとは、**日々何気なく使ってしまうお金のこと**。1回の出費は少額ですが、積み重なると多額になります。

　例えば、コーヒーショップのカフェラテは1杯500円程度です。もし週5回、仕事のたびに飲んだとしたら、**カフェラテ代だけで毎月1万円、年間12万円もの出費**になってしまいます。

　ラテマネーは、カフェラテのほかにもあります。**コンビニスイーツ、自動販売機の飲み物、ATMの時間外手数料**など、無意識のうちにお金を使っていませんか？ こういったものにお金を使っているなら要注意です。

　もっとも、いきなりぜんぶ削るとストレスも溜まりますので、ラテマネーの予算を決めて優先順位の高いものだけを買うようにするなど、支出を減らす工夫をしましょう。

無意識の出費に要注意

（例）1杯500円のカフェラテ
- ●週5杯ずつ飲んだら……
  500円×5杯×4週＝毎月1万円
- ●さらに1年間続けたら……
  1万円×12か月＝年間12万円

1杯だけなら少額だが増えると多額に！

● ラテマネーを減らすには?

毎月の予算を決める
「月5,000円まで」などと決めて、その範囲内で買う

マイボトルで持参
自宅でコーヒーを用意すれば、数十円で済む

より安い店で買う
コンビニのコーヒーなら100円程度で飲める

無意識の出費を減らすしくみを作ろう

● 他にもこんな出費に注意!

ネットショッピングの「おすすめ商品」「関連商品」
　　→ 不要なものまで買ってしまいがちなので注意

銀行のATM手数料・クレジットカード年会費
　　→ ATMは時間内に使う。クレカは利用していないなら解約

コンビニやドラッグストアでの「ちょこちょこ買い」
　　→ 用事のないときには店に行かない

◀◀◀ 10秒チェック！ ▶▶▶

振り返りポイント

無意識に使ってしまっている「使途不明金」の代名詞がラテマネー。このラテマネーを無くすというよりは、ラテマネーの予算を決めることが大切です。

061 ①分
minute

はまっていないですか？
巧妙な
「お得の罠」

「お得！」で買った洗剤が山のようにあります……

　「定価5万円のバッグ」と「定価10万円、今だけ半額の5万円のバッグ」があったら、半額のバッグを買う方が多いでしょう。しかし、これは「**お得の罠**」。先に知った「10万円」という情報が、5万円を「安い」と思わせてしまうのです。人の心理と経済学を結びつけた行動経済学という学問で「アンカリング効果」と呼ばれている効果です。

　人は誰しも「得したい」「損したくない」と思っています。 ですから、たとえ不必要でも「半額だからお得」と飛びつくことがあります。お店側はお客さんのそうした気持ちをうまく利用して、思わず買いたくなるようなお得の罠を仕掛けて待っているのです。

　もしもこうした罠にかかっていたら、「お得だから」という理由だけでいらないものをたくさん買い込んでいる可能性があります。これではお金は貯まりません。

　お得の罠から逃れるには、使途不明金同様、**買い物に予算を決めること、買う前に本当に価格に見合った価値があるのかをチェックすること**が重要です。

行動経済学に学ぶ「お得の罠」

アンカリング効果

値下げ前の金額を知ったことで、割引されると「安い」と感じてしまう罠。不要なものは安くても買うと損なので買わないこと

極端の回避効果

人は極端を嫌うので、3択だと真ん中を選んでしまうという罠。安いものを買おうと思っていても、自然と出費が増えてしまう

端数価格

ほぼ5,000円なのに、4,980円だと、5,000円には感じない罠。会計時「思ったより高かった」と思った経験があるなら要注意

タイムプレッシャー

時間制限があると冷静な判断ができなくなる罠。送料無料、値下げといったお得を逃したくない一心で飛びついてしまう

振り返り
ポイント

10秒チェック！

見かけのお得に飛びつかないように、買い物の予算を決めておきましょう。「安い」と感じても予算と相談する癖をつけておくと、無駄な消費をしなくてすみます。

貯める　使う　　　増やす

062 ①分 minute

ボーナスは臨時収入
じゃありません。
年収の一部です

ボーナスの使い方、「４：３：２：１」とは？

　お金の貯まらない人は、ボーナスを半年に一度の臨時収入ととらえて散財しがちです。自分へのご褒美を買うなとはいいません。**ボーナスの使い方を先に決め、お金を仕分けておきましょう。**

　おすすめの比率は「４：３：２：１」です。例えば、ボーナスが30万円もらえたとしたら、12万円は貯蓄、9万円までは自分へのご褒美、6万円は自己投資、そして3万円は金融資産に投資します。ボーナスもメリハリをつけて使えます。

　もちろん、これは目安の割合です。普段から自己投資が多い方なら自己投資分を金融資産に回すなど、多少調整してもいいでしょう。ただし、お金を確実に貯めていくために、**貯蓄の割合は４〜５割を確保したいところです。**

　こうして仕分けたボーナスのうち、貯蓄分と金融資産分は毎月の給与と同じく、**先取りで貯蓄用口座に移します。自分へのご褒美分と自己投資分は生活費口座に残し、**必要に応じて使って結構です。

ボーナスは「4:3:2:1」に仕分ける

ボーナスの比率

比率は目安。自分なりに変更してもいいが、貯蓄は4〜5割を確保しよう

4

| 貯蓄 | → | 貯蓄用口座へ |

貯蓄用口座に移して貯める。財形貯蓄や自動積立定期預金ではボーナス月に増額する設定もできる

3

| 自分へのご褒美 | → | 生活費口座へ |

ボーナスを使うことでストレスが減らせる。もっとも、無理して使う必要はないので、余ったら貯蓄や自己投資に回そう

2

| 自己投資 | → | 生活費口座へ |

スキルを磨き、本を読んで自己投資を続けよう。成長して自分の価値が高まると、仕事や人脈が増え、稼げるようになる

1

| 金融資産への投資 | → | 貯蓄用口座へ |

株式投資や投資信託を購入（7章・8章で解説）。投資は長く続けることで複利効果が得られるため、なるべく早く始めたい

振り返りポイント

10秒チェック！

ボーナスは最低でも4割貯蓄へ回してからお金を使いましょう。

使う　　増やす

063 (1分)

自己投資・しっかりとリターンを把握している？

投資と浪費は紙一重です……

発見！

　「人生100年時代」と呼ばれ、60歳を過ぎても働ける環境が整う一方で、仕事がロボットやAIに代替されてしまうとも言われています。そのうえ、コロナ禍で定着したリモートワークでは、どれだけ多くのアウトプットを出せたかという「結果」が何よりも求められるようになりました。こうした中で仕事をしていくには、**自己投資が欠かせません。**

　自己投資は「投資」である以上、リターンを意識する必要があります。自己投資の目的・期間・金額を確認し、きちんと役立っているもの、本当に必要なものだけを残しましょう。通っていない英会話スクール、取得できていない資格の講座などはすべて「**損切り**」の対象。

　また、お金に換算できない「**見えない資産**」への自己投資も大切です。知識やスキルだけでなく、**人間関係、評判、健康**などを築いていくことも、これからの時代には欠かせません。自己投資を通して自分の価値が高まると、「あなたと仕事がしたい」と言われることも出てくることでしょう。自分の価値の高い、実力のある人は、**会社や年齢という枠組みを超えて、いつまでも必要とされ続けるでしょう。**

自己投資は「投資」です

 START 英会話スクールに通う！

 Good　　　　　　　　　　　　 **Bad**

- 1年以内にTOEIC800点！
- 取引先と英語で話す！
- 昇進する！

そのために
- 毎週2回、1時間のレッスン
- 朝6時から7時まで自主勉
- 費用は30万円まで

- そのうち英語が話せたらいいな……
- レッスンは無理せず行けそうなときだけ……
- 暇なときに勉強しよう……
- お金はとりあえず気にしない！

目標と達成のための行動が明確　　　　目的や行動が適当

 　TOEIC800点取れた！英語も話せるようになったし、昇進もできた！

 　3年やっても全然英語身につかないからやめちゃったよ……

自己投資のリターンが得られた
＝投資

リターンが得られなかった
＝浪費

 **10秒チェック！**　　 振り返りポイント

通っていない習い事、無駄なサブスクはすべて損切り。また、人間関係や健康はこれからの時代に大切です。使うべきところに積極的に自己投資しましょう。

お金に関するコラム

その5

一番の無駄遣いはこれ！

　誰しも、お金を無駄遣いしてしまったという経験はあるでしょう。その中で、一番の無駄遣いだったものは、なんでしょうか。

　株式会社エアトリが10〜70代の男女843名を対象に行った「お金をかけて良かったもの・後悔したもの」の調査で、「お金をかけ過ぎたかな……と後悔したことがあるもの」の1位は飲み代(17.9％)。2位食費(13.8％)、3位スーツ(11.5％)と続きます。ちなみに、男性のベスト3はこれと同じく「飲み代・食費・スーツ」ですが、女性のベスト3は「飲み代・洋服・食費」となっています。

　とはいえ、何をもって無駄遣いとするかは人によって変わります。男女ともに無駄遣いの槍玉にあげている飲み代だって、気心の知れた仲間との楽しい飲み会の費用ならば、無駄遣いだとは思わないでしょう。逆に、付き合いで仕方なくいく飲み会の費用は、お金だけでなく時間まで無駄にしてしまったと後悔してしまうかもしれません。つまり、一番の無駄遣いは、「自分にとって価値のない（価値を感じない）ものに対する支出」なのです。

　お金持ちは基本的にケチなのですが、お金をまったく使わないわけではありません。予算を守りつつ、自分にとって価値のあるものにお金を使います。また、お金を使うときにも目先の楽しみにとらわれず、中長期的な視点で考えます。流行の服を買っても、来年には着られなくなるものです。でも、自分に似合う、本当にいい服を買えば、何年も着られます。お金持ちは、将来の価値を大事にしているというわけです。

　お金の無駄遣いを防ぐには、自分なりの価値基準を持ち、普段から価値のあるものだけにお金を使うこと。そして本章で紹介したような、無駄遣いを防ぐ仕組みを用意しておくことが大切です。

第6章

1分でわかる！
備え方の基本

「もしも」のときに頼るのが公的保険、
それをカバーするのが民間の保険です。
この章では、主要な公的保険制度を紹介するとともに、
高額な負担にもなりがちな民間保険を厳選して
加入する場合のノウハウについて解説します。

備える

064

1分 minute

民間の生命保険には
なんで入るの？

生命保険に入るのが社会人としての第一歩でした

　今は元気でも、病気やケガをするかもしれません。勤め先の業績悪化で給料が減る、最悪は倒産するかもしれません。自身が不慮の事故で亡くなるかもしれません。こんなとき、必要になるのはやはりお金です。

　生活費の半年〜1年分のお金を貯められていれば、不測の事態が起きても当面は生活できますし、次の一手を打てます。また、公的保険からもさまざまな支援があります。しかし、貯蓄は一気に増やせませんし、公的保険の保障では不十分な場合もあります。お金がないとき、貯めているときに万が一のことがあったら、**貯蓄と公的保険だけでは生活が立ちいかなくなる恐れがある**のです。

　それを防ぐために加入するのが民間の保険です。保険に加入すると、すぐに万が一のときの保障を用意できます。

　保険にはさまざまな種類があり、保障の条件やもらえる保険金の金額などもそれぞれ異なります。しかし、だからといってあれもこれもと保険に加入すると、保険料が高額になってしまいます。ですから、**自分に本当に必要な保険に絞って加入しましょう**。

貯蓄は三角、保険は四角

貯蓄

毎月コツコツ貯めていくので、
お金は右肩上がりの三角形で表せる

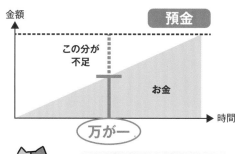

預金

メリット

- いつでも引き出して使える
- 使い道に決まりがない
- 元本が保証されている

デメリット

- お金が貯まるのに時間がかかる
- 金利が低い

お金を貯めている途中で
万一のことがあったら
経済的な不安が……

保険

加入している間ずっと、一定の保障が受け取れるため、
お金は四角形で表せる

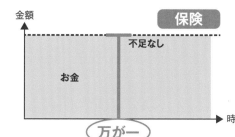

保険

メリット

- 万が一の事態に備えられる
- 安心感がある

デメリット

- 万が一のときにしかお金が使えない
- 解約・失効すると保障がなくなる

保険なら加入した直後から保障があるから、
万一のことがあったときの
経済的な不安がなくなる

◀◀◀ 10秒チェック！ ▶▶▶

振り返り
ポイント

お金がないとき、貯めているときに万が一のことがあったら、貯蓄と公的保険だけでは生活できない可能性があります。そんな場合には最低限の保障を得られる生命保険への加入を検討しましょう。

備える

065
 1分 minute

公的保険には
どのようなものが
あるの？

人生の
リスクから
私たちを
守って
くれるんだ

　もしものときに頼るのは、まず**公的保険**です。

　たとえば、**医療保険**（健康保険）ひとつとってみても、医療費の3割負担に加えて、**高額療養費制度**（P174）を利用すれば、自己負担の上限を超える医療費を払う必要がなくなります。仮に医療費が100万円かかった月があっても、自己負担額は9万円程度にまで抑えられるのです。

　病気やケガで働けず、会社を休んだ場合は、通算して1年6か月にわたって**傷病手当金**（P172）を受け取ることができます。受け取れる金額は**給与のおよそ3分の2**※ですから、かなりの金額です。

　また、医療保険同様、仕事中にケガや病気をしたら**労災保険**、失業したら**雇用保険**、介護が必要になったら**介護保険**から、それぞれさまざまな給付を受けることができます。そのうえ、老後の生活費は**国民年金**（基礎年金）や**厚生年金**といった年金である程度まかなえます。

　このように、日本の公的保険はとても充実しているのです。

※厳密には「1日あたり標準報酬日額の3分の2」。

公的保険から受け取れる主な給付

保険の種類	内容	主な給付
医療保険 （健康保険）	業務外のケガや 病気をした場合の 保障や給付、 出産や子育てなどの際の 給付を行う	• 療養の給付　• 高額療養費 • 傷病手当金　• 出産育児一時金 • 出産手当金　• 埋葬料 • 児童手当　　• 葬祭費 など
労災保険	業務中・通勤中のケガや 病気をした場合の 保障や給付を行う	• 休業補償給付　• 療養補償給付 • 遺族補償年金　• 疾病補償年金 • 障害補償給付　• 介護補償給付 • 葬祭料 など
雇用保険	育児休業中や 失業した場合などの 保障や給付、 再就職に向けての 給付を行う	• 育児休業給付 • 介護休業給付 • 基本給付（失業保険） • 教育訓練給付 • 雇用継続給付 など
介護保険	介護が必要になった人への 保障や給付を行う	• 予防給付 • 介護給付 など
年金保険	高齢・障害・死亡 などの際に 保障や給付を行う	• 老齢基礎年金　• 老齢厚生年金 • 障害基礎年金　• 障害厚生年金 • 遺族年金　　　• 寡婦年金 • 死亡一時金 • 中高齢寡婦加算 など

10秒チェック！

業務内外のケガ・病気を保障するものや、失業してしまったとき、障害を持ったときなどに対応する幅広い保険があります。

振り返り
ポイント

備える

066 ①minute分

健康保険で
カバーできない
費用は？

健康保険が
カバーしてくれる
範囲は意外と狭い？

　健康保険の保障は充実していますが、**カバーできない費用**もあります。

　厚生労働省が承認していない治療や薬を用いる「自由診療」や高度な技術を用いる「先進医療」は健康保険の対象外。がんの陽子線治療や重粒子線治療などは数百万円しますが、**健康保険は適応できない**のです。

　入院時の食事や日用品などは自己負担です。さらに、入院時に個室や少人数の部屋を希望した場合にかかる「差額ベッド代」も、健康保険の対象外となります。差額ベッド代は入院が長引くほどかさみます。

　健康診断や人間ドック、予防注射といった**予防目的のものにも適用されません**。

　とくに自由診療や先進医療などは結構な金額になりますが、健康保険ではまかなえません。しかし、**民間保険の中には、これらの費用をカバーしてくれるものもあります**。万が一のときに、これらの医療を受けたり、個室などを利用したりしたい場合は、民間保険の加入を検討しましょう。

健康保険が適用されないもの

入院時にかかる費用

- 入院時の食事代　• 入院時の日用品費
- 家族のお見舞いの交通費
- 差額ベッド代 など

差額ベッド代は希望した場合のみ
かかる（部屋の空きがないなどで、やむ
なく入った場合はかからない）

健康保険外の診療

- 自由診療　• 先進医療 など

中には数百万円かかる治療もある
が、健康保険が適用されず、全額
自己負担となる

病気ではない治療

- 美容整形　　• マッサージ
- ニキビの治療　• 正常な出産 など

日常生活に支障がない治療は対象
外。出産も自然分娩なら対象外
（帝王切開は健康保険の対象になる）

予防目的の治療

- 健康診断　• 人間ドック
- 予防注射 など

健康診断や人間ドックは、持病があ
る場合や異常が見つかった場合に
は健康保険の対象になる

◀◀◀ 10秒チェック！ ▶▶▶

入院時は個室や少人数の病室のほうが落ち着けるかと思
いますが、こういった費用は健康保険ではまかなえませ
ん。

振り返り
ポイント

備える

067 ①分

がんは治る病気に
なりつつあるので、
保険は必要です

生命保険に入ったほうがよい場合は？

　ライフステージにかかわらず、多くの人が加入を検討すべき保険があります。それは、**がん保険**です。

　がんは今でも日本人の死因の第1位の病気です。しかし、医療の進歩によって、徐々にですが、がんは治る病気になりつつあります。実際、手術が必要なケースでも、入院の日数が短くなっています。

　しかし、手術や入院は短くても、その後の通院や治療には数か月から数年かかることもあります。その間働けないとなると、貯蓄だけでは心許ないでしょう。また、自由診療や先進医療の中にも、がんに効果があるとされる治療がありますが、費用は全額自己負担ですから、相応にお金がかかってしまいます。

　がん保険の多くは、加入すると、がんと診断された場合に**診断一時金を受け取れます**。診断一時金は用途が限定されていないことが多いため、**生活費に充てることもできます**。また、**通院時の治療費や生活費をカバーできる保険**や、医療機関等にいつでも心配事を相談できる**セカンドオピニオンサービス**などもあります。

がん保険への加入はおすすめ

● がんの治療の流れ（一般的なイメージ）

入院	→	治療のための通院	→	通院

1週間程度
- 検査
- 手術

半年〜2年程度
- 薬物療法
- 放射線療法 など

5年程度
- 経過観察
- 定期検診 など

入院や手術の
期間は短い

治療のための通院は長い
仕事ができずに収入減
生活が立ちいかなくなる可能性

がん保険で収入減や
治療費に対応

● がん保険の例

健康をサポートするがん保険
勇気のお守り　SOMPO ひまわり生命保険

毎月の治療費に備える「がん治療給付型」と、がん診断時にまとまったお金をもらえる「がん診断給付型」から選ぶことができます。契約から保障開始までの3ヵ月間は保険料が発生しないうえ、非喫煙者は保険料が割安になります。

主な条件	【がん治療給付型】 ・がん治療給付金1か月10万円（通算120か月限度 ※1） ・自由診療抗がん剤・ホルモン剤治療給付金 1か月20万円（通算12か月限度） ・自由診療乳房再建給付金10万円 ・保険料払込期間 終身 ・非喫煙者割引（1年以上非喫煙なら割引） ・がん保険料免除特約 ・がん診断給付特約（100万円）	がん治療給付型でも 特約をつければ 一時金の給付が受けられる

月払保険料	男性	30歳/2,720円	40歳/4,090円	50歳/6,520円
	女性	30歳/3,530円	40歳/4,580円	50歳/5,140円

※1　手術・放射線治療・入院のがん治療給付金は無制限

◀◀◀◀ 10秒チェック！ ▶▶▶▶

がん保険への加入はおすすめします。健康保険の適用
外の自由診療・先進医療を受けたり、病院に通うことで、
不足するであろう生活費をカバーしてくれます。

振り返り
ポイント

備える

068 ⏱1分 minute

働けなくなった 場合には どう備える？

働けなくなる
リスクは
誰にでも
あるものです

　がん以外の病気やケガなどで働けなくなることもあるかもしれません。ここまで紹介してきた制度でも、そんな事態に備えることができます。

　会社員・公務員の方は**iDeCo**が役立ちます。iDeCoで準備する資産は、原則60歳まで引き出すことができませんが、**一定の障害状態に陥った場合は「障害給付金」として60歳以前でも受け取れます**。

　フリーランス・個人事業主の方は**小規模企業共済**が使えます。小規模企業共済の掛金は、6か月以上積み立てると、廃業したときに**積み立てた額に応じた共済金を受け取れます**。そのうえ、12か月以上積み立てれば解約手当金も受け取れます。さらに、貸付制度は傷病・災害時にも活用できます。

　また、働けないときの保障を手厚くできる保険に**就業不能保険**があります。就業不能保険では、指定の傷病や障害を負ったときに、一定期間保険金を受け取れます。iDeCoや小規模企業共済を利用したうえで、さらに保障を上乗せしたいのであれば検討の余地があります。

働けなくなったときの備えになる制度

● iDeCoの障害給付金　病気やケガで高度障害となった場合に受け取れるお金

iDeCo加入 → 積立 → 老齢給付金の受取り（60〜75歳の間）

所定の障害状態になると

60歳になる前でも
障害給付金が受け取れる（年金または一時金）

- 国民年金の障害等級1級・2級に該当する場合などに受け取れる
- 障害給付金は非課税
- それまでに運用してきた資産のみ受け取れる（上乗せなし）
- 受け取り開始後は掛金の拠出ができなくなる

● 小規模企業共済の共済金・解約手当金

共済金等の種類	請求事由・条件	利率
共済金（共済金A）	・個人事業を廃業した場合に受け取れる ・6か月以上の掛金の積立が必要	・掛金納付月数36か月未満の場合は掛金と同額、以降おおむね25年目までは年利1.5%
解約手当金	・任意解約した場合に受け取れる ・12か月以上の掛金の積立が必要	・掛金納付月数240か月未満の場合は元本割れ（最低元本の80%）。240か月以上の場合、最高で120%

● 就業不能保険の例

あんしん　就業不能保障保険　東京海上日動あんしん生命

働けない状態が続いた場合、保険金が毎月受け取れます。5疾病[1]
による入院・就業不能状態や要介護状態が続いた場合にも給付が受
けられます。精神疾患も障害等級1級のみながら対応しています。

主な条件	・就業不能給付金月額10万円（5年間、最低支払2年） ・支払対象外期間60日 　（60日超所定の状態が続いた場合に保険金が受け取れる） ・5疾病初期入院給付金20万円 　（5疾病で所定の入院をしたときに保険金が受け取れる）

支払い事由を満たすと
以後の保険料の
払い込みは不要に

月払保険料	男性	30歳／1,960円	40歳／3,530円	50歳／6,490円
	女性	30歳／2,230円	40歳／3,390円	50歳／5,280円

※1　悪性新生物・急性心筋梗塞・脳卒中・肝硬変・慢性腎不全

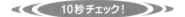

◀◀◀ 10秒チェック！ ▶▶▶

iDeCo・小規模企業共済・就業不能保険などで働けな
くなったときのために備えましょう。

振り返りポイント

備える

069 ①分

民間の介護保険には入らなくていいの？

まずは保険の内容をチェック！

　介護保険には、**公的な介護保険**と**民間の介護保険**があります。公的な介護保険は、40歳になるとすべての人が加入し、介護保険料を負担します。要介護認定を受けることで、認定された介護度に応じた給付が受けられます。

　給付限度額を超えた分の介護サービスは全額自己負担ですが、受けることはできます。**この費用を補う民間の介護保険**もあります。しかし、生命保険文化センター「生命保険に関する全国実態調査」（2021年度）によると、介護で一時的に必要になった金額の平均は74万円、毎月の費用の平均は8.3万円。無理に民間の保険で用意しなくても、貯蓄で足りそうです。

　そのうえ、**民間の介護保険には独自の給付条件があります**。たとえば「基本的に要介護2以上」で保険金が受け取れるという介護保険でも、保険会社が定める所定の要介護状態でないと判断されると、保険金が受け取れないのです。

　将来介護が必要になるかはわかりませんが、**貯蓄でお金を用意しておけば、介護以外の用途にも使えます**。

介護保険の自己負担額はそこまで高くない

● 介護度ごとの給付限度額と自己負担額

介護度	給付限度額	自己負担額		
		1割	2割	3割
要支援1	50,320円	5,032円	10,064円	15,096円
要支援2	105,310円	10,531円	21,062円	31,593円
要介護1	167,650円	16,765円	33,530円	50,295円
要介護2	197,050円	19,705円	39,410円	59,115円
要介護3	270,480円	27,048円	54,096円	81,144円
要介護4	309,380円	30,938円	61,876円	92,814円
要介護5	362,170円	36,217円	72,434円	108,651円

※自己負担額は基本的に1割だが、一定以上の所得がある場合は2割・3割

● 介護サービスがスタートするまでの流れ

| 要介護認定
介護度が
決まる | | ケアマネジャーがケアプラン作成
• 居宅サービス
• 施設サービス
• 地域密着型サービス　など | | 介護サービス
スタート |

原則として65歳以上（第1号被保険者）が利用できる。
40～64歳（第2号被保険者）は所定の状態の方のみ

● 民間の介護保険は不要

- 自己負担額はあるが、貯蓄で十分まかなえる
- 保険会社の基準を満たさないと
  保険金が受け取れない
- 将来介護が必要にならない可能性も

わざわざ
保険で用意する
必要なし！

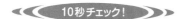

振り返り
ポイント

10秒チェック！

介護で必要になる平均金額は月8.3万円ほど。公的介護保険もあるので、無理に民間の介護保険に加入する必要はありません。

備える

主要な公的保険制度を一挙紹介！

公的保険制度から受け取ることができる給付金や給付制度があります。中にはもらうともらわないで数百万円の差がつくものもあります。しかしこれらは原則として、自分で申請しなければもらえません。ここからは、主要な公的保険制度を紹介していきます。該当する方は、よくチェックしてもらい忘れのないようにしましょう。

制度の概要・いつどこに申請するのか、いくらもらえるのかなど、概要を説明

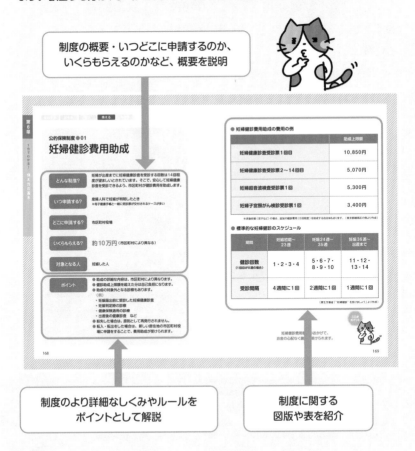

制度のより詳細なしくみやルールをポイントとして解説

制度に関する図版や表を紹介

備える

公的保険制度●01
妊婦健診費用助成

どんな制度?	妊婦が出産までに妊婦健康診査を受診する回数は14回程度が望ましいとされています。そこで、安心して妊婦健康診査を受診できるよう、市区町村が健診費用を助成します。
いつ申請する?	産婦人科で妊娠が判明したとき ※母子健康手帳と一緒に受診票が交付されるケースが多い
どこに申請する?	市区町村役場
いくらもらえる?	**約10万円**（市区町村により異なる）
対象となる人	妊娠した人
ポイント	● 助成の詳細な内容は、市区町村により異なります。 ● 健診助成上限額を超えた分は自己負担になります。 ● 助成の対象外となる診察もあります。 （例） ・妊娠届出前に受診した妊婦健康診査 ・妊娠判定時の診察 ・健康保険適用の診療 ・出産後の健康診査　など ● 紛失した場合は、原則として再発行されません。 ● 転入・転出をした場合は、新しい居住地の市区町村役場に申請をすることで、費用助成が受けられます。

● 妊婦健診費用助成の費用の例

	助成上限額
妊婦健康診査受診票1回目	10,850円
妊婦健康診査受診票2～14回目	5,070円
妊婦超音波検査受診票1回	5,300円
妊婦子宮頸がん検診受診票1回	3,400円

※多胎妊娠（双子など）の場合、追加の健診費用（5回程度）を助成する自治体もあります。（東京都練馬区の例より作成）

● 標準的な妊婦健診のスケジュール

期間	妊娠初期～23週	妊娠24週～35週	妊娠36週～出産まで
健診回数 （1回目が8週の場合）	1・2・3・4	5・6・7・8・9・10	11・12・13・14
受診間隔	4週間に1回	2週間に1回	1週間に1回

（厚生労働省「"妊婦健診"を受けましょう」より作成）

ここがポイント

妊婦健診費用助成のおかげで、
お金の心配なく健診が受けられます。

公的保険制度 ●02

出産育児一時金

| **どんな制度?** | 出産するときに、健康保険からお金が受け取れる制度です。出産費用は50万円程度かかりますが、出産育児一時金を受け取ることで、その大部分をカバーできます。 |

| **いつ申請する?** | 出産予定日の2か月前から
（出産の翌日から2年後まで申請可能） |

| **どこに申請する?** | 医療機関・健康保険・市区町村役場など
（医療機関により異なるので要確認） |

| **いくらもらえる?** | 子ども1人につき **50万円**
※産科医療補償制度に加入していない医療機関の場合、子ども1人につき48.8万円 |

| **対象となる人** | 妊娠4か月（85日）以上で出産した人
早産・流産・死産・人工中絶などの場合にも受け取れます。 |

| **ポイント** | ● 母親が健康保険に加入している場合（被保険者）または健康保険に加入している人に扶養されている場合（被扶養者）に受け取れます。
● 双子の場合は100万円受け取れます。
● 受け取りの方法には、大きく直接支払制度・受取代理制度・出産後申請があります（右図参照）。
● 出産費用が50万円以上になった場合は、差額を負担する必要があります。逆に、50万円未満だった場合、余った分のお金は受け取れます。 |

● 直接支払制度と受取代理制度の違い

どちらも、出産前に50万円が受け取れる点は同じです。

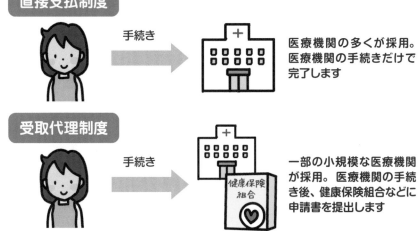

直接支払制度

手続き

医療機関の多くが採用。医療機関の手続きだけで完了します

受取代理制度

手続き

一部の小規模な医療機関が採用。医療機関の手続き後、健康保険組合などに申請書を提出します

● 後払いになる「出産後申請」

どちらの制度も使わない場合は、「出産後申請」をすることによって、出産後に50万円が受け取れます。ただし、この場合は先に医療機関に出産費用を全額自分で支払う必要があります。

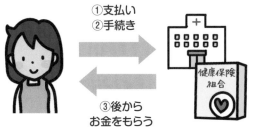

①支払い
②手続き

③後から
お金をもらう

クレジットカードに対応している医療機関なら、クレジットカード払いでポイントを手に入れることも可能です

ここが
ポイント

50万円が受け取れるので、
自己負担は意外とかかりません。

備える

公的保険制度 ●03

子ども医療費助成

どんな制度？
子どもが病院に通院・入院する際にかかる費用を負担してくれる制度です。子どもの体調が悪いときでも、医療費の心配なく医療機関にかかることができて安心です。

いつ申請する？
出生日の翌日以降

どこに申請する？
市区町村役場

いくらもらえる？
医療費の負担が免除・減額

対象となる人
健康保険に加入している子ども
対象年齢や所得の制限など、自治体ごとに定められている。

ポイント
● 助成の方法は市区町村によって異なります。申請するともらえる子ども医療費受給者証を医療機関で提示すると支払いが不要になるという自治体が多くなっています。
● お住まいの市区町村外など、対象外の医療機関を受診した場合、受給者証が利用できず、医療費を支払う必要があります。しかし、お住まいの自治体に申請すれば、後日返金を受けることができます。
● 通院と入院で対象年齢が異なる場合があります。
● 健康保険の対象外の費用は、子ども医療費助成の対象外です。

● 地域によって助成の内容はさまざま

入院・通院時に子ども医療費助成が受けられる年齢や条件の例

地域	入院	通院
東京都 千代田区	18歳 ● 所得制限なし ● 自己負担なし	18歳 ● 所得制限なし ● 自己負担なし
埼玉県 さいたま市	15歳 ● 所得制限なし ● 自己負担なし	15歳 ● 所得制限なし ● 自己負担なし
神奈川県 横浜市	15歳 ● 所得制限なし ● 自己負担なし	15歳 ● 所得制限あり（所得540万円以上は対象外。扶養親族の人数により所得の上限は異なる） ● 自己負担あり（小学4年生〜中学3年生は通院1回あたり500円負担）
千葉県 千葉市	15歳 ● 所得制限なし ● 自己負担あり（1日300円）	15歳 ● 所得制限なし ● 自己負担あり（小学3年生までは通院1回あたり300円、小学4年生〜中学3年生は500円負担）

※同自治体在住の健康保険加入者の例です。いずれも「18歳（15歳）到達後の最初の年度末（3月31日）」まで利用できます。
※神奈川県横浜市は2023年8月から中学3年生までの医療費が所得制限なしで無償化される予定です。

自分の住んでいる地域の助成内容を必ず確認しましょう！

ここが
ポイント

病院に安心してかかるためにも
必ず申請しましょう。

備える

公的保険制度 ●04

児童手当

| どんな制度? | 子育て世帯に、子育て支援や少子化対策などのために給付されるお金です。 |

| いつ申請する? | 出生日の翌日から15日以内
（以後も申請可能ですが、遅れた月分の児童手当がもらえなくなります） |

| どこに申請する? | 市区町村役場
公務員の場合は、勤務先 |

| いくらもらえる? | 総額約198万円 |

| 対象となる人 | 0歳から中学校卒業までの子どもを育てている家庭 |

| ポイント | ● 毎年6月・10月・2月の10日（土日の場合は前営業日）に、その前月までの4か月分が指定した口座に振り込まれます。
● 毎年「現況届」を提出する必要があります。現況届の用紙は市区町村役場から送られてきますので、必要事項を記載して返送します。
● 高校卒業までの子どものうち、3人目以降の子について、3歳～小学生の間の金額が月1万5,000円に増加します。
● 家庭内でもっとも所得が高い人が所得制限限度額を超えた場合は「特例給付」。支給額が一律月5,000円になります。 |

● 児童手当でもらえる金額

児童の年齢	児童手当の額（一人あたり月額）
3歳未満	一律15,000円
3歳以上小学校修了前	10,000円（第3子以降は15,000円）
中学生	一律10,000円
所得制限限度額を超える場合	一律5,000円（特例給付）

● 児童手当の所得制限限度額

扶養親族等の数	①所得制限限度額		②所得上限限度額	
	所得制限限度額	収入額の目安	所得上限限度額	収入額の目安
0人	622万円	833.3万円	858万円	1,071万円
1人	660万円	875.6万円	896万円	1,124万円
2人	698万円	917.8万円	934万円	1,162万円
3人	736万円	960万円	972万円	1,200万円
4人	774万円	1,002万円	1,010万円	1,238万円
5人	812万円	1,040万円	1,048万円	1,276万円

世帯主の所得が所得制限限度額を超える場合は児童手当が5,000円に。世帯主の所得が所得上限限度額を超える場合は児童手当が支給されません。なお、児童手当の所得制限は今後撤廃することも検討されています。

ここがポイント

使わなければ約200万円の貯蓄ができます！
教育資金として貯めておくのがおすすめです。

公的保険制度●05

傷病手当金

| どんな制度？ | 健康保険に加入している人が、業務外のケガや病気で仕事を休んだ場合に受け取れるお金です。通算して1年6か月の間、給料のおよそ3分の2のお金が受け取れます。 |

| いつ申請する？ | 休業したあと
（ただし、毎月受け取るには毎月申請が必要になります） |

| どこに申請する？ | 勤務先
（勤務先から健康保険などに申請） |

| いくらもらえる？ | **標準報酬日額の3分の2**（通算1年6か月） |

| 対象となる人 | 健康保険の加入者
（下のポイントの条件をすべて満たした人） |

ポイント

● 受給にあたっては、以下の条件を満たす必要があります。
- 業務外の病気やケガで療養中であること
- 療養のため労務不能であること
- 4日以上仕事を休んでいること（休み始めた日から連続した3日間（待期期間）を除いて、4日目から支給対象）
- 給与の支払いがないこと（傷病手当金より少ない給与が支払われている場合、差額が支払われます）

● 申請にあたっては、医師の意見書が必要です。

● 傷病手当金でもらえる金額は？

傷病手当金	ケガや病気で仕事を連続３日以上休んだとき、４日目から支給されるお金

（例）月収27万円の人が３か月（90日）休んだ場合

❶ 標準報酬日額を計算

月収　　　　　　　　　　　　　標準報酬日額

27万円 ÷ 30日 ＝ 9,000円

※標準報酬日額は、社会保険料を決めるもとになる「標準報酬月額」の30分の1。大まかにいえば、1日あたりの給料です

❷ 傷病手当金の金額を計算

標準報酬日額　9,000円

傷病手当金　6,000円

1日あたりの給料　　　　　　　　　　　休んだ日数　待機期間

9,000円 × 2/3 ×（90日－3日）
＝52万2,000円

※会社からの給与が標準報酬日額の3分の2以上出ている場合は受け取れません。
※1年6か月以内に復帰し、同じケガや病気で再度傷病手当金をもらう場合、支給開始日から「通算して」1年6か月まで傷病手当金が受け取れます。なお、違うケガや病気の場合は、新たに通算1年6か月傷病手当金がもらえます。

ここが
ポイント

傷病手当金は、働けない間の
収入をカバーする心強い制度です。

備える

公的保険制度 ● 06

高額療養費制度

| **どんな制度?** | 医療費の家計負担が重くならないよう、1か月間（各月1日〜末日）の医療機関や薬局の窓口で支払う医療費が一定の上限を超えた場合、その超えた額が支給される制度です。 |

| **いつ申請する?** | 診療を受けた月の翌月から2年以内 |

| **どこに申請する?** | 会社員は勤務先（勤務先から健康保険などに申請）
フリーランス・自営業などは市区町村 |

| **いくらもらえる?** | **21万円程度**
（年収約370〜770万円、医療費100万円の場合） |

| **対象となる人** | 健康保険の加入者で、1か月間の自己負担分の医療費が自己負担限度額を超えた人 |

| **ポイント** | ● 1か月の自己負担額は年齢や所得によって変わります。
● 食事代や差額ベッド代など、健康保険の対象外となる費用については高額療養費制度の対象外です。
● 事前に限度額適用認定証を病院や薬局に提示することで、窓口で支払う金額を自己負担限度額までに抑えられます。限度額適用認定証は、加入している健康保険で発行します。
● 直近の12か月間に3回以上自己負担限度額を超えた場合、4回目以降は「多数該当」となり、負担がさらに減ります。 |

● 高額療養費の自己負担限度額（70歳未満の場合）

区分	自己負担限度額	多数該当※
年収約1,160万円〜 健保：標準報酬月額83万円以上 国保：所得901万円超	252,600円+ （総医療費−842,000円）×1%	140,100円
年収約770〜1,160万円 健保：標準報酬月額53万円〜79万円 国保：所得600〜901万円	167,400円+ （総医療費−558,000円）×1%	93,000円
年収約370〜770万円 健保：標準報酬月額28〜50万円 国保：所得210〜600万円	80,100円+ （総医療費−267,000円）×1%	44,400円
年収約156〜370万円 健保：標準報酬月額26万円以下 国保：所得210万円以下	57,600円	44,400円
住民税非課税世帯	35,400円	24,600円

※上限額に達した月が年間で3回以上あった場合、4回目から「多数回該当」

（例）1か月に100万円の医療費がかかった場合

窓口負担　30万円	健康保険　70万円

自己負担 限度額 8万 7,430円	高額療養費制度で 払い戻される金額 21万2,570円

1か月に100万円の医療費がかかっても、健康保険で3割負担に。さらに高額療養費制度があるので自己負担は9万円弱で済みます

※年収が約370〜770万円の人の場合

ここが
ポイント

高額な手術などがあっても、
自己負担は限度額で収まります。

備える

公的保険制度 ●07

失業給付（雇用保険の基本手当）

どんな制度?　会社を辞めた人が、失業中の生活を心配せずに次の就職先を探すことができるよう支給される給付です。給付の日数や金額は人により異なります。

いつ申請する?　退職の翌日以降（なるべく早く）

どこに申請する?　ハローワーク

いくらもらえる?　1日あたり **2,000〜8,000円**（人により異なる）

対象となる人　退職前の2年間に12か月以上（会社都合の場合、退職前1年間に6か月以上）雇用保険に加入している人

ポイント

● いつでも働けるうえ、求職活動を行っているものの就職できていない場合に受け取れます。受け取れる金額・日数は退職理由や雇用保険の加入期間、年齢などで異なります。

● 手続きには離職票・マイナンバーカード（または身分を証明できる書類）・証明写真・印鑑・預金通帳かキャッシュカードが必要。このうち、離職票は退職する会社から受け取ります。なるべく早く申請するためにも、早く発行してもらうようにしましょう。

● 失業給付の給付日数は最長で退職から1年と決まっているため、手続きが遅れるほど受け取れる金額が減ります。

● 失業給付を受け取るまで

	待機期間7日	給付制限期間 2か月（自己都合のみ）	支給期間

▲退職　　▲離職票
　　　　　提出　　　　▲雇用保険の
　　　　　　　　　　説明会に参加　　　　　　　　▲失業の認定　　　　　　　　　　　▲退職から
　　　1年

離職票は退職後なるべく
早く出しましょう

認定には月2回以上の求職活動が必要。
その後も原則4週に1回失業の認定を
受ける必要があります

● 失業給付で受け取れる金額

$$\underset{(1日あたり)}{失業給付額} = \underset{（離職前6か月間の賃金合計÷180）}{賃金日額} \times \underset{\substack{給付率\\およそ45～80\%\\離職前の賃金で異なる}}{}$$

● 失業給付の給付日数

退職理由	退職時の 年齢	雇用保険の加入期間				
		1年未満	1～5年	5～10年	10～20年	20年以上
会社都合 倒産・リストラ など	30歳未満	90日	90日	120日	180日	—
	30歳以上 35歳未満	90日	120日	180日	210日	240日
	35歳以上 45歳未満	90日	150日	180日	240日	270日
	45歳以上 60歳未満	90日	180日	240日	270日	330日
	60歳以上 65歳未満	90日	150日	180日	210日	240日
自己都合 転職・結婚・ 病気など	65歳未満	—	90日		120日	150日

ここが
ポイント

次の仕事をスムーズに探すためにも、
失業給付は、早く申請しましょう。

備える

公的保険制度 ● 08

老齢年金

どんな制度?

原則として65歳から受け取る年金です。20～60歳までのすべての国民が加入する国民年金と、会社員や公務員が加入する厚生年金があり、国民年金からは「老齢基礎年金」、厚生年金からは「老齢厚生年金」が受け取れます。

いつ申請する?

年金を受け取りたいとき（原則として、65歳になる3か月ほど前に届く「年金請求書」を提出して申請。60歳まで繰り上げること、75歳まで繰り下げることも可能です）

どこに申請する?

市区町村役場・年金事務所

いくらもらえる?

老齢基礎年金 **年約79.5万円**
老齢厚生年金 **年約78.3万円**
（年収400万円・35年加入の会社員）

対象となる人

老齢基礎年金：国民年金保険料を10年以上納めた人
老齢厚生年金：厚生年金保険料を1か月以上納めた人

ポイント

● 公的年金の被保険者は3種類。第1号被保険者（フリーランス・個人事業主など）と第3号被保険者（第2号被保険者に扶養されている人）は老齢基礎年金、第2号被保険者（会社員・公務員）は老齢基礎年金に加えて老齢厚生年金も受け取れます。

● 老齢基礎年金は40年間保険料を支払うと79万5,000円（67歳以下）・79万2,600円（68歳以上）（いずれも2023年度）。保険料の未納や免除があると減額されます。

● 厚生年金保険料は給与から天引きされます。給与が高いほどたくさん納めることになりますが、その分受け取れる老齢厚生年金の金額は増えます。

● 受け取れる老齢年金額の早見表（国民年金+厚生年金）

厚生年金加入期間	5年	10年	15年	20年	25年	30年	35年	40年
平均年収 200万円	85.1万円	90.7万円	96.3万円	101.9万円	107.5万円	113.0万円	118.6万円	124.2万円
300万円	88.1万円	96.6万円	105.2万円	113.7万円	122.3万円	130.8万円	139.4万円	147.9万円
400万円	90.7万円	101.9万円	113.0万円	124.2万円	135.4万円	146.6万円	157.8万円	168.9万円
500万円	93.0万円	106.5万円	119.9万円	133.4万円	146.9万円	160.4万円	173.9万円	187.4万円
600万円	95.9万円	112.4万円	128.8万円	145.3万円	161.7万円	178.2万円	194.6万円	211.0万円
700万円	98.9万円	118.3万円	137.7万円	157.1万円	176.5万円	195.9万円	215.3万円	234.7万円
762万円以上	100.9万円	122.3万円	143.6万円	165.0万円	186.4万円	207.8万円	229.1万円	250.5万円

※国民年金満額（2023年度の67歳以下：79万5,000円）と厚生年金額の目安

● 「ねんきん定期便」もチェックしよう

毎年の誕生日ごろにはがき（封書）で届く
- 50歳未満：これまでの加入実績に応じた年金額
- 50歳以上：老齢年金の種類と見込み額
が記載されているのでチェック

ここがポイント

老後の生活を支える年金が、
どのくらいもらえるのかしっかり確認しましょう。

備える

公的保険制度 ●09
障害年金

どんな制度？	病気やケガなどで障害が残ったときに、障害の程度に応じて受け取れるお金です。国民年金から受け取れる障害基礎年金と、厚生年金から受け取れる障害厚生年金があります。条件を満たせば、60歳未満でも受け取ることができます。
いつ申請する？	障害認定日（初診日から1年6か月を経過した日、または治った日）以降
どこに申請する？	国民年金の被保険者は市区町村役場 厚生年金の被保険者は年金事務所
いくらもらえる？	障害基礎年金　**約99万円** （障害等級1級の場合） 障害厚生年金　**報酬比例の年金額の1.25倍** （障害等級1級の場合・金額は報酬により異なる）
対象となる人	障害認定日に所定の障害等級に当てはまっている人 障害基礎年金の場合：障害等級1級～2級 障害厚生年金の場合：障害等級1級～3級
ポイント	● 障害年金を受給するには、3つの要件を満たす必要があります（右ページ参照）。 ● 1級・2級の障害基礎年金を受け取れる方に子ども（18歳になって最初の3月31日を迎えるまでの子、障害がある子の場合は20歳）がいる場合には、子の加算が受け取れます。子の加算は第2子まで22万8,700円、第3子以降は7万6,200円です（以上すべて2023年度）。 ● 1級・2級の障害厚生年金を受け取れる方に配偶者がいる場合は、配偶者の加給年金が受け取れます。 ● 障害厚生年金の加入期間が300か月に満たない場合は、300か月加入したものとして年金が計算されます。

● 障害年金を受け取るための３つの要件

受給要件①：初診日要件

初診日に国民年金や厚生年金の被保険者であること

受給要件②：障害認定日要件

障害認定日に「障害認定基準」に該当していること

障害認定 基準	・外部障害（眼、聴覚、肢体の障害など） ・精神障害（統合失調症、うつ病、知的障害、発達障害など） ・内部障害（心疾患、腎疾患、肝疾患、糖尿病、がんなど）

受給要件③：保険料納付要件

初診日がある月の前々月までの年金加入期間のうち３分の２以上の期間の保険料を納付（または免除）されていること

● 障害年金で受け取れる金額

障害厚生年金の１級・２級の場合、障害基礎年金も受け取れます。

障害の等級や収入などで、
もらえる年金額が決まります。

第6章 1分でわかる！ 備え方の基本

公的保険制度 ●10

遺族年金

どんな制度？

国民年金や厚生年金に加入していた人が亡くなった場合に、遺族が受け取れる年金が遺族年金です。国民年金から受け取れる遺族基礎年金と、厚生年金から受け取れる遺族厚生年金があります。

いつ申請する？

亡くなった日の翌日以降

どこに申請する？

国民年金の被保険者は市区町村役場
厚生年金の被保険者は年金事務所

いくらもらえる？

遺族基礎年金 **年約102万円**
（配偶者と子1人の場合）
遺族厚生年金 **年収により異なる**

対象となる人

国民年金（厚生年金）に25年以上加入していた人
（他、細かな要件あり）

ポイント

● 遺族基礎年金は子（18歳年度末までの子、障害がある子の場合は20歳）のある配偶者または子のみが対象です。子のない配偶者は受け取れません。
● 遺族厚生年金の優先順位は、①子のある妻・子のある55歳以上の夫・子→②子のない妻・子のない55歳以上の夫→③55歳以上の父母→④孫→⑤55歳以上の祖父母。上位の人が優先して受け取ります。
● 遺族厚生年金の支給額は亡くなった方の厚生年金加入期間や収入により異なります。30歳未満の子のいない妻は5年間、子・孫は18歳になる年度の年度末までしか受け取れません。また、夫・父母・祖父母は60歳から受給開始となります。
● 遺族基礎年金・遺族厚生年金のほか、条件を満たすと中高齢寡婦加算も受け取れます。

● 夫が亡くなった場合に受け取れる年金は?

夫が死亡　　　子が18歳に　　　妻65歳

子がいる場合

遺族厚生年金（夫の年収などにより変わる）		
遺族基礎年金 (子1人の場合102万3,700円)	中高齢寡婦加算 （59万6,300円）	老齢基礎年金 （満額79万5,000円）

子がいない場合

遺族厚生年金（夫の年収などにより変わる）	
中高齢寡婦加算 （59万6,300円）	老齢基礎年金 （満額79万5,000円）

※中高齢寡婦加算 …… 40歳以上65歳で、子がいない、または末子の年齢が18歳到達年度末日を経過している場合に、妻が受け取れる加算額、遺族厚生年金の上乗せとなる。

● 遺族基礎年金の金額（年額・2023年度）

79万5,000円[※]＋子の加算

亡くなった方の加入期間・保険料納付期間などにかかわらず同額です

※昭和31年4月1日以前に生まれた方は、79万2,600円。

子の加算額

子の数	年金額
1～2人	22万8,700円
3人目以降	7万6,200円

● 遺族厚生年金の支給額

①と②の合計額＝支給額

①平均標準報酬月額（賞与は含まない）×7.125/1000
　×平成15年3月までの被保険者期間の月数×3/4

②平均標準報酬額（賞与を含む）×5.481/1000
　×平成15年4月以後の被保険者期間の月数×3/4

※加入期間が300か月に満たない場合は、300か月として計算します。

ここがポイント

遺族年金は遺された家族の
生活費をサポートできる年金です。

お金に関するコラム
その6

上手なFPの選び方

お金の悩みはお金の専門家、FP（ファイナンシャルプランナー）に相談すると、解決の糸口を見つけてくれるでしょう。しかし、FPなら誰でもいいわけではありません。中には自分の利益を優先する人も……。そこで、上手なFPの選び方を紹介します。

●何の事業で売上を上げている人なのか

まず、そのFPが何で稼いでいるのかをチェック。よく「無料相談」をうたうFPがいますが、これは危険です。保険にせよ不動産にせよ、自分の扱う商品を積極的に買わせてお金を稼ぐ可能性が高いからです。

講演・執筆・相談の業務を通じて稼いでいるFPを選ぶのが大前提です。相談料は人によりまちまちですが、あまり安い方に頼んで悩みが解決しないのでは本末転倒です。多少高くても、そこは投資と考え、実績の豊富な方に頼むのが結果として得でしょう。

●実績はどうなのか

講演・執筆・相談の実績は、Webサイトで検索すれば主なものがみられます。さまざまなメディアに出ているか、主張している内容に専門性があるか、共感できるか、わかりやすいかをチェックします。最近はYouTubeで動画配信を行うFPも増えています。動画なら、そのFPがどんな人なのか、さらによくわかるはずです。

●FP自身が実践しているか

「投資で資産形成したい」と相談をするときに、相談するFPが自分で投資をしていなかったら、最近のサービスや有用な制度、市況などの解説はできないでしょう。ですから、自分で実際に実践しているか聞いてみましょう。投信の積立くらいはFPなら誰しも手がけているはず。加えて、株、債券、FX、不動産など、さまざまな投資をしているならば、投資に詳しいといえそうです。投資に限らず、貯蓄や保険などでも同様です。

※筆者が運営する「FP Cafe」（https://fpcafe.jp/）には、お金の相談ができる経験豊富なFPが多数在籍しています。Webサイトで FPを探し、面談（オンライン可）・電話相談・メール相談をすることができます。FP選びに悩んだら、ぜひご利用ください。

第7章

1分でわかる！
お金の増やし方の
基本

ここからは、

「お金自身に働いてもらう」＝投資について解説します。

この章では、さまざまな金融商品の特徴と選び方、

リスクとリターンの考え方、

投資における「長期」「積立」「分散」の重要性について解説します。

増やす

070 ①分

お金の置き場所で増え方が変わる！？

これからの時代、「投資」が重要です

　お金をどこに置くかで増え方は変わります。株式や投資信託など、**金融商品に投資をする**ことで利益が見込めます。そして、投資の利益を再び投資に回すことで、**お金がお金を生み出す複利効果**が得られます。

　複利で運用した資産が2倍になる期間を簡単に計算できる「**72の法則**」で計算すると、そのスピードの違いが実感できるでしょう。

　日本銀行「資産循環の日米欧比較」（2022年）によると、日本の家計の金融資産のうち、54.3％が現金・預金と、半分以上を占めています。株式・投資信託・債券と言った金融商品はあわせて16％しかありません。

　一方で、米国の家計の金融資産は株式39.8％、投資信託12.6％、債券2.6％で、あわせて55％が金融商品になっているのです。現金・預金は13.3％ですから、日本と米国の家計の金融資産の構成ははぼ反対になっていると言えます。

　こうした違いが、右図のとおり、20年間の資産増に大きな差をもたらしています。

お金の増え方はどこに置くかで変わる

● 72の法則
複利で運用した資産が2倍になるまでの期間を簡単に計算できる式

> ### 72÷利回り（%）＝お金が2倍になる期間（年）

計算例

- 0.001%で運用 → 72÷0.001＝**7万2000年**

- 1%で運用 → 72÷1＝**72年**
- 3%で運用 → 72÷3＝**24年**
- 8%で運用 → 72÷8＝**9年**

銀行預金の金利では生きている間には全然増えない

投資して高い利回りが得られるほど、倍になるまでの期間は短くなる

● 日米の20年間の金融資産の推移

 日本

米国

2.9倍

金融資産残高
20年間で2.9倍

9,040兆円

2.2倍

運用の成果
20年間で2.2倍

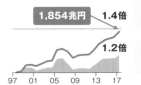

1,854兆円　1.4倍

金融資産残高
20年間で1.4倍

1.2倍

運用の成果
20年間で1.2倍

預金の多い日本では
お金が増やせていない
投資の多い米国では
お金が増やせている

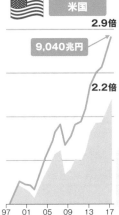

97 01 05 09 13 17

97 01 05 09 13 17

（金融庁「つみたてNISA100万口座突破！」より筆者作成）

振り返りポイント

> **10秒チェック！**

資産を増やしたいなら、株式や投資信託、金融商品に投資しましょう！ 投資をしていくことで、20年後の資産が2倍近くになることもあります。

増やす

071

⏱ 1分 minute

いろいろある金融商品、どれに投資する？

投資は常に
リスクとリターン。
バランスが大事

　金融商品にはいろいろなものがあります。銀行預金や保険も、広い意味では金融商品です。たくさんある金融商品は、**安全性・収益性・流動性**の３つのポイントを押さえてみるとわかりやすいでしょう。

　「安全性」は運用した結果元本が減りづらいこと、「収益性」は運用することで利益が出やすいこと、そして「流動性」は現金に交換しやすいことです。

　この３つのポイントがすべて完璧な金融商品は存在しません。 とくに、安全性と収益性は両立しません。たとえば、銀行預金は1,000万円とその利息まで元本保証で安全性は高いのですが、預けてもお金はほぼ増えないので、収益性は低くなります。逆に株式はお金が２〜３倍になる可能性があるため収益性は高いのですが、会社が倒産して大損する可能性もあるため、安全性は低いのです。

　金融商品を選ぶにあたっては、**それぞれの金融商品の特徴を知ってうまく組み合わせる**ことが大切です。

金融商品ごとに特徴が違う

	概要	安全性	収益性	流動性
預金	銀行にお金を預ける 普通預金や定期預金などがある	◎	△	◎
生命保険	ケガや病気、死亡時に お金がもらえる	◎	△	△
株式	企業が発行する株式に投資 値上がり益や配当がもらえる	△	◎	○
債券	国や自治体、企業などにお金を貸す 利息がもらえ、満期にお金が戻る	◎	△	○
不動産	アパートやマンションなどの不動産 を購入し、家賃収入や売却益を得る	○	○	△
投資信託	金融機関が投資家から集めたお金を プロがさまざまな資産に投資	○	○	○
金	金（Gold）の現物に投資する 積立投資もできる	◎	△	○
FX	通貨を売買して、為替レートの 値動きで利益を狙う	△	◎	○
仮想通貨 （暗号資産）	ビットコインなど、ネット上の 資産を売買して利益を狙う	△	◎	○

※◎○△の評価はおおよその相対的な目安です。投資する商品や方法によっても変わります

10秒チェック！

安全性・収益性・流動性を鑑みて、自分が一番行いたい
投資を決めましょう。世の中に完璧な商品はありません。
上手く組み合わせることが資産運用の大事なポイントで
す。

振り返り
ポイント

072 ①分 minute

投資商品によって
かかる手数料は違うの？

手数料は意外と
ウェイトが
大きいです

発見！

　投資では、買うとき・持っているとき・売るときに手数料がかかる場合があります。どんな手数料がかかるかは、金融商品により異なります。たとえば株式投資であれば、株を買うとき・売るときに**売買手数料**がかかります。投資信託であれば、買うときに**購入時手数料**・持っているときに**信託報酬**・売るときに**信託財産留保額**がかかります（商品により、かからない手数料もあります）。また、外貨の関わる商品の場合は、円と外貨を交換するときに**為替手数料**がかかります。

　投資でかかる商品の手数料をいかに安くできるかは、お金を増やす大事なポイントです。

　またP192でも触れますが、手数料は金融機関によっても異なります。手数料が低いか高いかは自分で選べるのですから、なるべく手数料の安い商品を選ぶようにしましょう。

金融商品のコストにこだわろう

● 主な金融商品にかかる手数料

金融資産	手数料	金額または手数料率
株式	売買手数料	例）楽天証券 1約定ごと（10万円まで）の場合99円
債券	売買手数料はない ただし外国債券は為替手数料がかかる	例）マネックス証券「ドル建て債券」 買付時：25銭（※円貨での購入時は無料） 売却時：25銭
投資信託	購入時手数料（販売手数料）	購入金額の0〜3％程度
	信託報酬	投信の資産（純資産）の0.1〜3％
	信託財産留保額	元本の0〜0.3％
外貨預金	為替手数料	例）三菱UFJ銀行「ドル預金」 預入時・引出時とも25銭（ネットバンキング）・1円（窓口）
FX	為替手数料（スプレッド）	例）SBI FXトレード「ドル円」 0.18銭（1万通貨の例） 往復：0.36銭
生命保険	販売手数料	円建保険：保険料の2〜3％ 外貨建保険：保険料の6〜8％

（2023年4月3日時点）

● 信託報酬の違いは投資結果にどう影響する？

運用利回り3％のファンドに毎月3万円の積立をした場合　※税金は考慮せず、複利計算

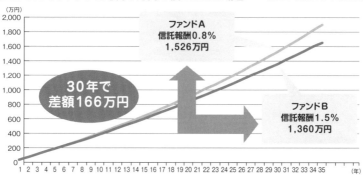

ファンドA
信託報酬0.8％
1,526万円

30年で
差額166万円

ファンドB
信託報酬1.5％
1,360万円

振り返り
ポイント

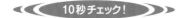

10秒チェック！

投資でかかる商品の手数料を知り、いかに安くできるかは、お金を増やす大事なポイントです。

191

節約する　　　　　　　　　　　　　増やす

073 ⓵分

金融機関によって コストは変わる！ 金融機関選びは超重要

証券会社によってかなり違うので、要チェックです！

　金融機関によって、どんな投資ができるかが変わります。

　金融商品の品揃えが豊富なのは証券会社です。証券会社では株の売買もできますし、投資信託も多数取り扱っています。その他の商品も充実しています。一方、銀行では株の売買はできません。投資信託は商品を数本から数十本に絞り込んで販売しているところもあります。

　株や投資信託を買うときの手数料は、金融機関によって違う場合があります。たとえば、株の取引手数料は**一定額まで無料**のところもあれば、**1回注文が成立（約定）するたびに数百円〜数千円かかる**ところもあります。投資信託の購入時手数料も金融機関によって違う場合があります。

　一般に、街の中に店舗を構えて営業している店舗証券よりも、ネット上で営業している**ネット証券**やスマホでの取引に特化した**スマホ証券のほうが手数料が安くなっています**。ですから、これから口座開設するのであれば、**ネット証券やスマホ証券がおすすめ**です。

金融機関のおすすめはネット証券・スマホ証券

● 金融機関の主な特徴

	銀行	店舗型証券	ネット証券	スマホ証券
	BANK			○○証券
商品の幅広さ	△ 投信のみ	◎ 株と投信の取扱い	◎ 株と投信の取扱い 外国株も豊富	○ 株と投信の取扱い
投信の取扱本数	△ 少ない	○ ネット証券に比べると少ない	◎ 多い	○ ネット証券に比べると少ない
コスト	△ 高い	△ ネット証券に比べると高い	◎ 安い	◎ 安い
説明	○ 店舗で投信の説明が聞ける	◎ 店舗で株や投信の説明が聞ける	△ 店舗がないため相対で説明を受けられない	△ 店舗がないため相対で説明を受けられない

● おすすめはネット証券とスマホ証券

ネット証券

・スマホやパソコンで手軽に注文
・店舗証券よりも手数料がずっと安い
・投資信託の品揃えが豊富（数千本）

主なネット証券
楽天証券／SBI証券
マネックス証券 など

スマホ証券

・口座開設から売買までスマホで完結
・初心者でもわかりやすい画面
・株式投資が数百円からできる

主なスマホ証券
PayPay証券／大和コネクト証券
STREAM など

振り返りポイント

>>> 10秒チェック！ <<<

ネット証券やスマホ証券は手数料も安く、株式投資が数百円からできたりするのでおすすめです。またスマホやパソコンで手軽に注文できるのも魅力です。

増やす

074 (1分 minute)

特定口座？
一般口座？
どれを選ぶべき？

確定申告は
めんどくさいなぁ

　投資をするには、証券会社の場合は「証券口座」、銀行の場合は「投資信託口座」を開設する必要があります。この証券口座や投資信託口座には、さらに「**特定口座（源泉徴収あり）**」「**特定口座（源泉徴収なし）**」「**一般口座**」の3種類があります。特定口座を選ぶと、1年間の投資の利益・損失から税金を計算した報告書を金融機関が作ってくれます。また、源泉徴収ありを選ぶと、利益が確定したときに金融機関が自動的に納めてくれます。つまり、確定申告をしなくてよくなるのです。

　特定口座（源泉徴収あり）ならば、手間が省けて便利です。

　なお、投資で得られた配当金や分配金の受け取りは、証券口座で受け取る「**株式数比例配分方式**」を選んでおきましょう。NISA（ニーサ・少額投資非課税制度）で得られる配当金や分配金を非課税にするには、この株式数比例配分方式を選んでおく必要があります。

口座開設時に悩みやすいポイント

● 特定口座？ 一般口座？

	特定口座（源泉徴収あり）	特定口座（源泉徴収なし）	一般口座
確定申告	おすすめ！ ◯ 不要	✕ 利益20万円超なら必要	✕ 利益20万円超なら必要
年間取引報告書	◯ 金融機関が作成	◯ 金融機関が作成	✕ 自分で作成
自分ですること	とくになし 金融機関が1年間の取引をまとめた年間取引報告書を作り、納税してくれる	確定申告 金融機関が年間取引報告書を作ってくれる。それを利用して、自分で確定申告を行う	確定申告・取引報告書作成 自分が年間取引報告書を作成。それを利用して確定申告を行う

● 配当金や分配金、どう受け取る？

1 **配当金領収証方式**（ゆうちょ銀行などで受け取る）
2 **株式数比例配分方式**（証券口座で受け取る）
3 **登録配当金受領口座方式**（銀行口座で受け取る）
4 **個別銘柄指定方式**（銀行口座で受け取る）

NISAの非課税メリットが
受けられるのは
❷の株式数比例配分方式だけ！

振り返り
ポイント

◀◀◀ **10秒チェック！** ▶▶▶

証券口座や投資信託口座は、特定口座（源泉徴収あり）を選び、受け取り方は、証券口座で受け取る「株式数比例配分方式」を選びましょう。

075 (1分)

金融商品の
リスク・リターンとは？

つまりはどのように
利益を上げたいかが
大切なのね！

　投資の世界の「リスク」には、「危険性」ではなく、「**投資の結果（リターン）のブレ幅**」という意味があります。平たくいうと、お金が増えたり減ったりする可能性のことです。

　金融商品の価格は、日々上下しています。あるタイミングで金融商品を買って、その後値上がりしてから売ると、買値と売値の差額が利益になります。逆に、値下がりしてから売ると、差額が損失になります。

　金融商品には、それぞれリスクがあります。そして、金融商品によってリスクの大きさが異なります。**リスクとリターンはトレードオフ**（比例）**の関係**にあります。

　銀行の預金にはリスクがほとんどありませんので減りませんが、同時に大きく増えることもありません。お金を増やしたければ、**リスクと上手に付き合っていく必要がある**のです。

投資先によってリスクとリターンは異なる

● リスクとリターンは比例の関係

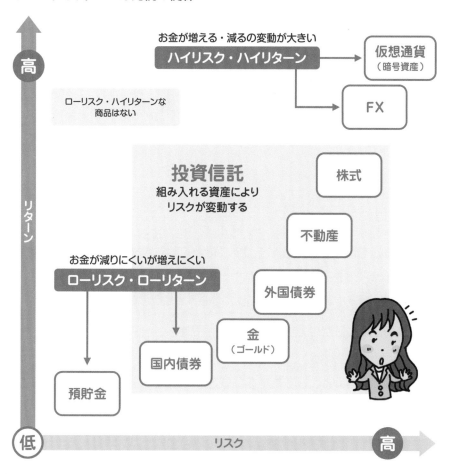

お金が増える・減るの変動が大きい

ハイリスク・ハイリターン → 仮想通貨（暗号資産）

→ FX

ローリスク・ハイリターンな
商品はない

投資信託
組み入れる資産により
リスクが変動する

株式

不動産

外国債券

お金が減りにくいが増えにくい

ローリスク・ローリターン

金（ゴールド）

国内債券

預貯金

低　リスク　高

リターン

高

《 **10秒チェック！** 》

振り返り
ポイント

投資の世界では、リスクはリターンのブレ幅を指します。
リスクとリターンはトレードオフの関係なので、ローリス
ク・ハイリターンの商品はありません。

貯める　貯める　払う　備える　**増やす**

076 ①分

バクチをすれば、
自分のリスク許容度は
すぐわかります

発見！

自分が取れる
リスク許容度を知ろう

　金融商品を選び、資産配分を決めるときには、自分のリスク許容度を知ることが大切です。リスク許容度とは、**どのくらいまで損しても大丈夫かをはかる指標のようなもの**です。

　金融商品のリスクは誰が買っても同じですが、リスク許容度は、収入・資産・年齢・投資経験・リスクに対する気持ちなどによって変わるため、人によって異なります。**収入が多いほど、資産が多いほど、年齢が若いほど、投資経験があるほど、リスク許容度が高くなります。**

　しかし、客観的にみてリスク許容度が高いと考えられる場合でも、本人のリスクに対する気持ちの部分で「あまりリスクを取りたくない」と思っているならば、リスク許容度は低くなります。

　リスク許容度は高いからいい、低いから悪いというものではありません。あくまで、**自分のリスク許容度を知ること**、そしてその**リスク許容度に合わせた投資先・資産配分を選ぶ**ことが大切なのです。

あなたのリスク許容度はどのくらい?

● リスク許容度は人により異なる

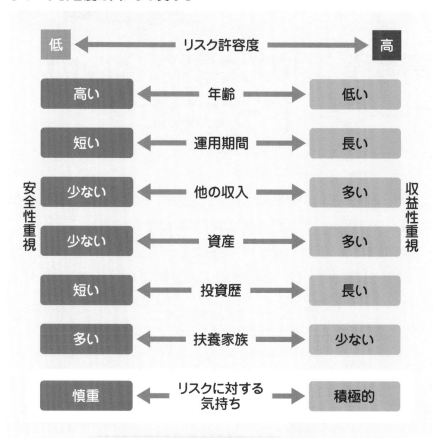

	低 ← リスク許容度 → 高	
安全性重視	高い ← 年齢 → 低い	収益性重視
	短い ← 運用期間 → 長い	
	少ない ← 他の収入 → 多い	
	少ない ← 資産 → 多い	
	短い ← 投資歴 → 長い	
	多い ← 扶養家族 → 少ない	
	慎重 ← リスクに対する気持ち → 積極的	

客観的にリスク許容度が高くても、
気持ちが「慎重」ならリスク許容度は低くなる

振り返りポイント

10秒チェック!

リスク許容度は人によって異なります! まずは投資をする
前に自分のリスク許容度を確認すること。

増やす

077 ①1分 minute

資産運用の大事な3つの キーワードってなに？

　投資でお金を失う可能性は、ゼロにはできません。しかし、「**長期**」「**積立**」「**分散**」投資を行えば、堅実に増やす期待ができます。

　長期投資とは、長い時間をかけて投資を行うことです。数十年という長い期間で投資をすれば、リスクを抑えて投資できますし、**複利**の効果も生かしやすくなります。

　積立投資とは、一定額を一定のタイミングでコツコツと投資することです。たとえ1回の投資は少額でも、積み重なると金額が大きくなります。また、商品の価格にかかわらず一定額ずつ買うことで、平均購入単価を押し下げる「**ドル・コスト平均法**」の効果があるため、利益を出しやすくなります。

　分散投資とは、値動きの異なるさまざまな資産に投資することです。仮にその中のどれかが値下がりしても、ほかの資産の値上がりで補いながら、トータルでお金を増やせます。

　金融庁によれば、長期・積立・分散投資を行うことで、**年平均4％のリターン**が得られると試算しています。今後もこうなるか保証はできませんが、預金よりもずっと増やせる可能性が高いといえます。

長期・積立・分散でお金はどのくらい増える？

● ドル・コスト平均法とは？

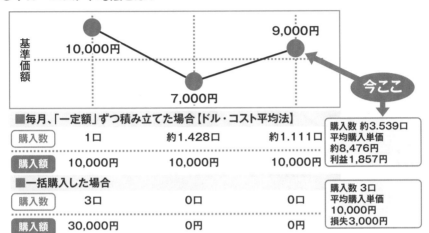

基準価額

10,000円　　　7,000円　　　9,000円

今ここ

■ 毎月、「一定額」ずつ積み立てた場合【ドル・コスト平均法】

購入数	1口	約1.428口	約1.111口
購入額	10,000円	10,000円	10,000円

購入数 約3.539口
平均購入単価
約8,476円
利益1,857円

■ 一括購入した場合

購入数	3口	0口	0口
購入額	30,000円	0円	0円

購入数 3口
平均購入単価
10,000円
損失3,000円

● 長期・積立・分散投資の効果

（例）2001～2020年までの20年間、毎月1万円ずつ投資した場合

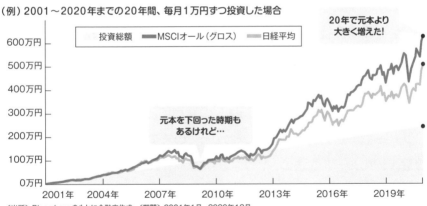

投資総額　MSCIオール（グロス）　日経平均

20年で元本より
大きく増えた！

元本を下回った時期も
あるけれど…

〔出所〕Bloomberg をもとに金融庁作成　〔期間〕2001年1月～2020年12月
※これは過去の実績をもとにした算出結果であり、将来の投資成果を予測・保証するものではありません。

振り返り
ポイント

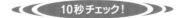

10秒チェック！

長期・積立・分散投資を行うことで、お金を失う可能性
を減らし、堅実に増やす期待ができます。

増やす

078

1minute 1分

分散投資で
ポートフォリオを組む
最大の理由は？

機関投資家の運用は
「減らさない」が
ポイント

発見！

　投資の市場に参加しているのは、私たち個人だけではありません。銀行・生命保険会社・損害保険会社・年金・ヘッジファンドといった機関投資家も、市場に参加しています。

　機関投資家が行う運用は、「**お金を減らさずに増やす**」運用です。過去の研究から、運用成績の9割はどの資産にどんな割合で投資するかという「資産配分」で決まることがわかっています。そこで、機関投資家は資産配分のルールを決め、それを守りながら投資を行っているのです。

　日本にある世界最大の機関投資家、**GPIF**（年金積立金管理運用独立行政法人）は、年金積立金を運用で増やし、将来の年金の支払いにあてます。お金を大きく減らして、年金がなくなったら大変ですから、**堅実なポートフォリオを組んで、減らさず増やす運用を実践しています。**

　自分のリスク許容度に合わせ、時間をかけて資産配分を決めましょう。**機関投資家の資産配分を真似するのもいいでしょう。**

GPIFのポートフォリオと運用成果

● GPIFのポートフォリオ

基本の資産配分は国内・外国の債券と
株式に25%ずつ。それぞれ、±6〜8%
乖離していいとされている

2022年12月末　運用資産別の構成割合
（年金積立金全体）

内側：基本ポートフォリオ
（カッコ内は乖離許容幅）
外側：2022年12月末

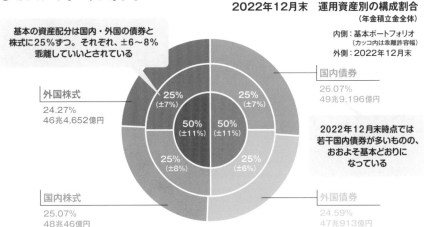

外国株式
24.27%
46兆4,652億円

国内株式
25.07%
48兆46億円

国内債券
26.07%
49兆9,196億円

2022年12月末時点では
若干国内債券が多いものの、
おおよそ基本どおりに
なっている

外国債券
24.59%
47兆913億円

● GPIFの運用成果

2001年度以降の累積収益

収益率＋3.38%（年率）
収益額＋98.1兆円（累積）

2022年12月末時点で
累積収益額は98.1兆円に!

■累積収益額（右軸）　■四半期別収益額（左軸）

運用当初はマイナスになったことも
あったが……

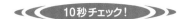

10秒チェック!

運用成績の9割が資産配分で決まります。自分のリスク
許容度に合わせて、どの資産を組み合わせるのかに一番
時間をかけましょう。

振り返り
ポイント

節約する　　　　　　　　　　　　　　増やす

079

1分 minute

投資にかかる
税金は
高すぎます！

投資商品の税金は
商品ごとに異なる！？

　投資で得られた利益には、税金がかかります。投資のリターンは、税金の有無で大きく変わってしまいます。

　預貯金・株式・債券・投資信託・外貨預金の利息・FXの利益には**「源泉分離課税」**といって、**他の所得と関係なしに、合計20.315%の税金**がかかります。

　さらに、外貨預金の為替差益・不動産投資・仮想通貨・ソーシャルレンディングといった投資では、働いて得た給料など、ほかの所得と合わせて課税される**「総合課税」**で課税されます。仮に大儲けした場合には最大で**所得税45%・住民税10%の合計55%も課税される**こともありえるのです。

　そのほか、生命保険の満期保険金や死亡保険金、個人年金などには、贈与税や相続税がかかる場合が……。生命保険を解約したときの解約返戻金にも、利益が出ていれば税金がかかる場合があります。

　投資にかかる税金をゼロにする制度として、次頁以降で解説する**NISAやiDeCo**があります。

税金も立派な投資のコスト

● 主な投資商品にかかる税金

金融資産	税率
預貯金・株式・債券・投資信託・外貨預金の利息・FX	**源泉分離課税** 20.315% （所得税15％＋住民税5％＋復興特別所得税0.315％） ※復興特別所得税は2037年末までの予定
金	**源泉分離課税** 金投信・ETFは20.315% **総合課税** 金地金・純金積立は他の所得と合わせて課税 （所得税は5～45％、住民税は10％）
外貨預金の為替差益・不動産投資・仮想通貨・ソーシャルレンディング	**総合課税** 他の所得と合わせて課税 （所得税は5～45％、住民税は10％）
生命保険の満期保険金・死亡保険金・個人年金	**総合課税** 受取人の関係によって、他の所得と合わせて課税 （所得税は5～45％、住民税は10％）、贈与税、相続税
生命保険の解約返戻金	**源泉分離課税** 保険期間が5年以内であるなど一定の要件を満たす場合は20.315% **総合課税** 払込保険料との差益が一時所得 他の所得と合わせて課税 （所得税は5～45％、住民税は10％）

10秒チェック！

投資商品の税金を知りましょう。投資する前であれば、
徹底調査を。リターンが大きく変わってきます。

振り返りポイント

節約する　　　　　　　増やす

080 ①分 minute

運用益非課税の NISAを活用する！

税金をかけないことで
投資意欲を
高めるわけだね

　NISA（少額投資非課税制度）は、運用益にかかる20.315％の税金をゼロにできるお得な制度。**NISAには、一般NISA・つみたてNISA・ジュニアNISAの3つの制度があり**、右表のように利用できる人や非課税になる期間・金額、投資対象商品などが異なります。一般NISAとつみたてNISAはどちらか片方の選択制です。

　NISAの制度は2024年に変更される予定です。そのため、現行NISAでの新規の買付は2023年に終了しますが、2024年以降も現行NISAの非課税期間内であれば運用益非課税のまま資産を持ち続けられます。**ジュニアNISAの資産は、2024年以降は18歳未満であっても**いつでも資産が引き出せるようになります。

　2023年にスタートするならば、**おすすめはつみたてNISA**。つみたてNISAなら、長期・積立・分散投資にじっくり取り組みつつ、**投資にかかる税金をゼロにしながら資産を築いていけます**。また、現行NISAの資産は、次に紹介する統合NISAの非課税投資枠とは別枠ですので、**非課税で投資する金額を増やせる**メリットもあります。

NISAの制度は３つある

	一般NISA	つみたてNISA	ジュニアNISA
利用できる人	日本に住む18歳以上 （年齢上限なし）		日本に住む 0〜17歳
新規に投資できる期間	2023年まで ※2024年からは新しいNISAの制度がスタート！（P208）		
非課税となる期間	5年間	20年間	5年間
年間投資上限額	120万円	40万円	80万円
投資対象商品	上場株式・ ETF・REIT・ 投資信託	金融庁が定めた 基準を満たす 投資信託・ETF	上場株式・ ETF・REIT・ 投資信託
投資方法	一括買付、 積み立て	積み立てのみ	一括買付、 積み立て
資産の引き出し	いつでも引き出せる		2023年までは 本人が 18歳になるまで 引き出し不可

10秒チェック！

おすすめはつみたてNISA。非課税となる期間も20年と長く、毎月少額で積み立てられます。資産もいつでも引き出せます。

振り返りポイント

節約する　　　　　　　　　　　増やす

081 ①分

NISAって
どう変わるの？

NISA改正！
新しい制度が始まる

　2024年から新しいNISA制度が始まります。現行の一般NISAとつみたてNISAを合わせたような制度なので、本書では「統合NISA」と呼ぶことにします。

　現行NISAには利用できる期間に制限がありましたが、統合NISAは**制度が恒久化され、非課税保有期間が無期限になったため、いつでも、いつまででも非課税での投資ができる**ようになりました。

　また、統合NISAではつみたてNISA同様の「つみたて投資枠」で年120万円、「成長投資枠」で年240万円、合計で年間360万円まで投資できるようになります。**両制度の併用が可能です。**

　なお統合NISAでは、新たに**生涯にわたる非課税限度額**（生涯投資枠）が設けられます。生涯投資枠の上限は1,800万円（うち成長投資枠は1,200万円）。**商品を売却して生涯投資枠に空きが出た場合、その空き（売却枠）を再利用して翌年以降に投資ができます。**売却枠が再利用できるからとはいえ、年間投資枠360万円は超えることはできません。しかし、現行NISAでは資産を売却しても非課税投資枠の再利用はできなかったのですから、大きな変更といえるでしょう。

新しいNISAの変更点をチェック

現行NISAは2023年で買付終了。
2024年からパワーアップしたNISAが新設されます。
有効活用したいところです。

	現行		[新設] 統合NISA	
	つみたて NISA	一般 NISA	つみたて 投資枠	成長 投資枠
対象年齢	18歳以上 *未成年は対象外*		18歳以上	
投資可能 期間	2023年末で 買付終了		2024年からいつでも （恒久化）	
非課税期間	20年間	5年間	無期限	
年間 投資枠	40万円	120万円	120万円	240万円
生涯投資 上限	800万円	600万円	買付残高1,800万円 （うち成長投資枠1,200万円）	
投資 商品	国が定めた 基準を満たす 投資信託・ ETF	上場株式・ ETF・REIT・ 投資信託	国が定めた 基準を満たす 投資信託・ ETF	上場株式・ ETF・REIT・ 投資信託 （高レバ投信等除く）
投資方法	積立	一括・積立	積立	一括・積立
両制度の 併用	不可		可	
売却枠の 再利用	不可		可 （投資元本ベースの管理、枠復活は翌年）	

リスクの高い商品は
一部買えなくなる

◀◀◀ 10秒チェック！ ▶▶▶

統合NISAは非課税保有期間は無期限、つみたて投資枠は年120万円、成長投資枠は年240万円の合計年間360万円投資できるようになるなど大幅に改正されるので、しっかり制度を理解しましょう。

振り返り
ポイント

節約する　　　　　　　　　　　増やす

082 ⏱1分 minute

どこがオススメなの？

NISAの
おすすめ金融機関は？

　NISAは「一人1口座」です。2024年からの統合NISAスタートを踏まえて金融機関を選ぶことが大切です。

　統合NISAのつみたて投資枠で購入できる投資信託は、金融機関によって異なります。ネット証券では大部分の商品を扱っているのに対し、店舗型の銀行や証券会社では商品を絞り込んでいます。買いたい商品を扱っている金融機関を選ぶことが何より大切です。

　また、銀行では株式やETFに投資することができません。**統合NISAの成長投資枠で株式やETFに投資したい場合は、SBI証券・楽天証券・マネックス証券といったネット証券がよいでしょう。**ネット証券各社では、クレカ投資によってポイントがもらえます。普段自分が利用している経済圏に合わせて、利用するネット証券を選びましょう。

　一方で、ネット証券ではわからないことがあった場合に対面で相談ができません。**相談窓口が欲しいのであれば、イオン銀行やろうきん**（労働金庫）**など店舗型が選択肢に入ってきます。**実店舗があるので、直接足を運んで相談できます。

NISAおすすめ金融機関

成長投資枠で株やETFに投資したいならネット証券。
つみたて投資枠のみ利用する人で、
窓口で相談したいなら店舗銀行という選択肢も。

	つみたてNISA（つみたて投資枠）		一般 NISA（成長投資枠）	特典	備考
	取り扱い商品数	最低投資金額	取り扱い商品		
SBI証券	190本	100円	株 REIT ETF 投資信託	Tポイント Pontaポイント dポイント JALのマイル	・4つのポイントから好きなポイントを選んで貯められる ・三井住友カードを使ったクレカ積立でVポイントが貯まる
楽天証券	188本	100円	株 REIT ETF 投資信託	楽天ポイント	・投資信託の保有残高などによって楽天ポイントが貯められる ・楽天カード・楽天キャッシュを使った積立で楽天ポイントが貯まる
マネックス証券	164本	100円	株 REIT ETF 投資信託	マネックスポイント	・投資信託の保有残高などによってマネックスポイントが貯められる ・マネックスカードを使った積立でマネックスポイントが貯まる
イオン銀行	20本	1,000円	投資信託	イオン銀行スコア	・イオン銀行との取引が有利になるイオン銀行スコアがもらえる ・店舗窓口では365日年中無休で相談可能。オンライン相談もできる
ろうきん（労働金庫）	13本	5,000円	投資信託	キャンペーン時のみギフトカード	・口座開設キャンペーンでギフトカードがもらえる ・窓口で相談可能 ・iDeCo&NISAセミナーが充実

（2023年4月3日時点）

10秒チェック！

振り返りポイント

ネット証券では、大部分の商品を扱っているのに対し、店舗型の銀行や証券会社では商品を絞り込んでいます。統合NISAの成長投資枠で株式やETFに投資したい場合は、SBI証券・楽天証券・マネックス証券といったネット証券がよいでしょう。

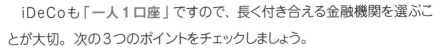

節約する 増やす

083 ⏱1分

iDeCoの
おすすめ金融機関は？

iDeCoも「一人１口座」ですので、長く付き合える金融機関を選ぶことが大切。次の３つのポイントをチェックしましょう。

iDeCoでは、どの金融機関を利用しても、**加入時に2,829円（税込）の口座開設手数料、運用中に毎月171円（税込）の口座管理手数料が必ずかかります**。さらに、金融機関によっては「運営管理手数料」を徴収している場合があります。運営管理手数料は無料のところもあれば、月数百円徴収しているところもあります。当然、安いほど有利です。

次にNISA同様、**商品のラインアップを確認**します。iDeCoで用意されている商品の数は多いところで35本程度。投資先の国や資産がバランスよく揃っていて、信託商品の安い商品が多い金融機関を選びましょう。

さらに、**サービスの充実度**も大切です。Webサイトや資料などで情報をわかりやすく公開しているか、手続きや商品選びで迷ったときに相談できるかをチェックしましょう。平日夜や土日などでも窓口・電話などで相談しやすいと安心です。

iDeCoおすすめ金融機関

金融機関は後で変更することもできますが、
手間も時間もかかるので、
最初に自分にあった金融機関を選びましょう。

	運営管理手数料	iDeCo商品数信託報酬の幅	コールセンター	備考
SBI証券	無料	38本 年0.0968%〜 2.124%	（平日・土日） 8時〜17時 （年末年始・祝日除く）	• 15年以上の運営実績 • 「SBI-iDeCoロボ」 でiDeCoの商品選びをサポート
楽天証券	無料	32本 年0.10989%〜 1.705%	（平日） 10時〜19時 （土日祝） 9時〜17時	• パンフレット・ガイドブックがわかりやすい • iDeCoのコールセンターは土日も営業
マネックス証券	無料	27本 年0.0968%〜 1.98%	（平日） 9時〜20時 （土曜） 9時〜17時 （祝日除く）	• iDeCoの問い合わせは専門のスタッフが対応
イオン銀行	無料	24本 年0.154%〜 1.683%	（平日） 9時〜21時 （土日） 9時〜17時 （年末年始・GW等除く）	• 年中無休で店舗相談可能。オンライン相談も可 • iDeCoはもちろん、幅広いお金の相談が可能
ろうきん（労働金庫）	月310円 （年3720円）	18本 年0.1023%〜 0.352%	（平日） 9時〜19時 （年末年始・祝日除く）	• 信託報酬の安い商品のみがラインアップ • iDeCoはもちろん、幅広いお金の相談が可能

（信託報酬は税込　2023年4月3日時点）

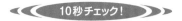

10秒チェック！

iDeCoは「一人1口座」。「運営管理手数料」は無料か安い所を選びましょう。投資先の国や資産がバランスよく揃っていて、信託商品の安い商品が多い金融機関かどうかも大事。

振り返りポイント

増やす

084 ⏱(1分)

気楽にできる
投資はないの？

これなら気楽に
投資ができるね

発見！

　買い物をすると貯まるポイントで金融商品に投資できる「**ポイント投資**」が近年増えています。通常の投資と同じく、買った商品が値上がりすれば利益が出ますが、値下がりすれば損失が生まれます。とはいえ、**元手はポイントですので、現金は減りません**。いきなりお金を出すのは心配な方や、お金が少ない方でも取り組みやすいのがメリットです。

　ポイント投資は、ポイントを現金化して金融商品を購入する「**現金購入型**」と、選んだ金融商品の値動きに連動してポイントが増減する「**ポイント連動型**」の2種類に分けられます。

　ポイント投資は、普段貯めている（使っている）ポイントでスタートするのがおすすめ。ポイントを手に入れる機会が多ければ、その分ポイント投資にポイントを回しやすくなるからです。

ポイント投資を活用しよう

● 現金購入型とポイント連動型の主な違い

現金購入型

商品の代金の一部または全部をポイントで支払って購入。商品を売ると現金で戻ってくる

ポイント連動型

選んだ商品の値動きに合わせてポイントが上下する。解約するとポイントで戻ってくる

● 主なポイント投資サービス

【現金購入型】

サービス名（ポイント名）	利用できる会社	特徴
Tポイント投資（Tポイント）	SBI証券など	投資信託の購入にTポイントを利用可能（100ポイントから）。他に暗号資産（bitFlyer）にも投資できる
楽天ポイント投資（楽天ポイント）	楽天証券	投資信託・株の売買に楽天ポイントを利用可能。投資信託のポイント購入（毎月3万円以上、ポイントは1ポイント以上使用）でSPUの対象
LINEポイント（LINEポイント）	LINE証券	投資信託、株、ETFの売買にLINEポイントを利用可能。メッセージアプリ「LINE」から投資できる

【ポイント連動型】

サービス名（ポイント名）	利用できる会社	特徴
Stock Point for CONNECT（Pontaポイント）	CONNECT（大和証券グループ）	100銘柄以上の株やETFに投資できる。1株分のポイントが貯まったら、株に交換してCONNECTで保有できる
dポイント投資（dポイント）	NTTドコモ	「アクティブ」「バランス」の2種類のコースから選ぶ「おまかせ運用」と、「日経平均株価」など10つのコースから選ぶ「テーマで運用」を利用可能
PayPayポイント運用（PayPayポイント）	PayPay証券	米国企業に分散投資する「スタンダードコース」「チャレンジコース」「テクノロジーコース」など5つのコースから選んで投資可能

◀◀◀ **10秒チェック！** ▶▶▶

振り返りポイント

買い物をすると貯まるポイント投資は現金が減るわけではないので、通常の投資よりも気楽にできます。現金の投資を始める前に練習してみてもいいかもしれません。

お金に関するコラム

その7

おすすめしない投資もある

投資は資産形成に役立つものです。とはいえ、どんな投資でもいいわけではありません。中には、おすすめしない投資もあります。

●**生活費がない状態での投資**

「命金には手をつけるな」という投資の格言があります。生活費など、使う予定のお金で投資をすると、損をした場合に立ち直れないので、投資は余裕資金でするべきだという意味です。投資は最低でも生活費の3か月分、本格的にスタートするなら6か月分を確保してから、余裕資金で行うのが鉄則です。

●**お金がないときの株の信用取引**

信用取引とは、お金を金融機関に預けることで、預けたお金の最大約3.3倍まで取引できるリスクの大きい取引のこと。うまくいけば通常の取引（現物取引）よりも儲かるのですが、思惑に反した場合の損失も大きく、損失が拡大すれば、お金を追加する「追証（おいしょう）」を求められるケースも。

●**高レバレッジ投資**

FXでは、信用取引と同様に、お金を金融機関に預けることで最大25倍の資金を動かすことができます。うまくいけば利益が25倍ですが、失敗したときの損失も25倍。一瞬でお金が吹き飛ぶ可能性もあります。

●**外国の証券口座での投資**

外国の証券口座は日本では買えない金融商品を購入できることがあります。また、日本よりも高レバレッジで投資ができたり、クレジットカード利用での投資も利用上限額が高いので身の丈以上の高額の取引ができたりします。ハイリスクなだけにリターンも高いですが、お金を失う可能性も比例します。

第8章

1分でわかる！
投資商品の基本

この章では、国債、社債、外国債券、
金投資、投資信託、不動産投資、株式投資、仮想通貨、
ソーシャルレンディング、FXまで、
それぞれの投資商品の特徴とメリット、デメリット、
選ぶ際のポイントについて解説します。

増やす

085 ①分

それにしても
金利が
低すぎるなぁ

個人向け国債
３つのタイプのうち
おすすめは？

　債券は、国や地方自治体、会社などがお金を借りるために発行する借用証書のようなもの。国が発行している債券（国債）の中で、政府が個人でも買いやすくしたものを「**個人向け国債**」といいます。個人向け国債を買うと、６か月に１度利息が受け取れるうえ、満期になると貸したお金が返ってきます。

　個人向け国債は年12回、毎月発売されており、銀行や証券会社で１万円から購入可能です。最低でも年**0.05％の金利が保証**されています。満期になる前でも、発行後１年以上経てば換金できますが、**直近２回の利息にあたる金額が差し引かれる点**には注意です。

　個人向け国債には、満期までの期間と金利のタイプによって「固定3年」「固定5年」「変動10年」の３種類が用意されています。**おすすめは半年ごとに金利が見直される「変動10年」**です。個人向け国債の金利は長らく下限の0.05％でしたが、長期金利の上昇を背景に、2023年４月募集分の変動10年の金利は0.30％と上昇しています（固定5年は0.14％、固定3年は0.05％）。今後も市場金利が上昇した場合、変動10年は金利が見直されて上昇する可能性があるからです。

個人向け国債3タイプの主な違い

商品名	変動10年	固定5年	固定3年
満期	10年	5年	3年
金利タイプ	変動金利 半年に1度利率が 見直される 金利が上昇すれば もらえる利息も 増える	固定金利 満期まで利率が 変わらない 発行時点で投資の成果がわかる	固定金利 満期まで利率が 変わらない
金利の下限	0.05%（年率）　これ以上は下がらない		
利子の受け取り	半年毎に年2回		
購入単価 （販売価格）	最低1万円から1万円単位		
中途換金	発行後1年経過すれば、いつでも中途換金が可能 ※中途換金の場合、直前2回分の利子 　（税引前）相当額が差し引かれる 直前2回分の利子が差し引かれるが、 元本割れはしない		
発行月 （発行頻度）	毎月（年12回）		

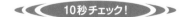

10秒チェック！

これから金利が上昇するなら、半年ごとに金利が見直され上昇する可能性のある「変動10年」がおすすめ。

振り返り
ポイント

増やす

086 ①分

企業が発行する債券、個人向け社債とは？

社債は
発行会社の
信用をみる
必要があるね

　企業が発行する債券を社債といいます。社債の中にも、個人が買いやすい「個人向け社債」があります。個人向け国債同様、定期的に利息が受け取れ、満期になったらお金が戻ってきます。

　社債の魅力は、**個人向け国債よりも高い金利が見込めること**。社債の金利は、会社によって変わります。通常、国債よりも社債のほうが利息や元本の支払いが滞る可能性（デフォルトリスク）が高いため、金利も国債より高い、というわけです。

　万が一、発行した会社が破綻するようなことがあれば、元本が戻ってこない可能性があります。よって、**その会社が安定しているか、成長しそうかを確認する必要**があります。

　そこで役立つのが**信用格付**です。格付は、利息や元本が受け取れるかという信用度をアルファベットや数字で表したものです。

　格付が高いほど安全性が高く、格付が低いほど金利が高くなります。

個人向け社債の格付と利率

格付 元本や利子が返ってくるかという信用度を表す指標。S&P・ムーディーズ・R&I・JCR といった格付機関により調査・公表されている

● 格付の例

S&P・R&I・JCR	ムーディーズ	信用度	金利
AAA	Aaa	高い	低い
AA	Aa		
A	A		
BBB	Baa		
BB	Ba		
B	B		
CCC	Caa		
CC	Ca		
C	C	低い	高い

BBB（Baa）以上が
「投資適格」
（投資に適している）

BB（Ba）以下は
「投資不適格」
（投資に適していない）

※数字やプラスマイナスの記号などでさらに細分化される

● 過去に発行された個人向け社債

会社名	債券名（愛称）	期間	利率（税引前）	格付
Zホールディングス	LINE・ヤフーボンド	5年	0.76%	AA-（JCR）
カゴメ	日本の野菜で健康応援債	1年	0.20%	A（R&I）
楽天グループ	楽天モバイル債	2年	3.30%	A（JCR）
日産	サクラ［SAKURA］債	3年	1.015%	A（R&I）
ソフトバンクグループ	福岡ソフトバンクホークスボンド	7年	2.84%	A-（JCR）

格付が高いほど利率が低くなる傾向

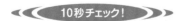

10秒チェック！

個人向け社債を購入する場合は、格付を参考にしましょう。格付が高いほど安全性が高く、格付が低いほど金利が高くなります。

振り返り
ポイント

増やす

087 ⏱1分 minute

外国の国債の
おすすめは？

アメリカの国債って
大丈夫なの？

　国債は日本だけでなく、多くの国が発行しています。中でも経済の中心、**アメリカの国債（米国債）は格付が高く、世界中で活発に取引されています**。そのうえ、日本の国債より金利が高くなっています。

　米国債には、大きく「**利付債**」と「**ストリップス債**」の２種類があります。利付債は個人向け国債と同じく、保有中に利息が受け取れ、満期になると元本が戻ってくる債券です。一方、ストリップス債は、額面より割引されて販売され、満期になると額面の金額が受け取れる債券です。

　資産形成に向いているのはストリップス債です。ストリップス債は保有中に受け取った利息の支払いがなく、元本に組み込まれていきます。そのため、利息が新たなお金を生み出す**複利効果**を受けやすいのです。

　米国債の売買は米ドルで行うため、**為替変動リスク**があることには注意が必要です。購入時より換金時のほうが円安ならば利益が増えますが、逆に円高ならば利益が減ることになります。

米国債の「利付債」と「ストリップス債」

● 2種類ある米国債

利付債

持っている間利息が受け取れて、
満期になると元本が返ってくる債券

利息　利息　利息

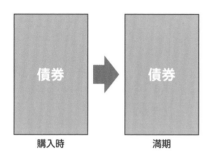

購入時　　　　　　満期

利息の分が利益に
定期的にお金が受け取れる

おすすめ！ ストリップス債

割引で販売されて、
満期になると額面金額が受け取れる債券

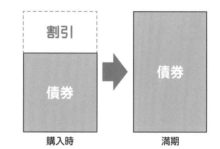

購入時　　　　　　満期

割引の分が利益になる
利息は元本に組み入れられる

● 米国債購入におすすめの証券会社

	最低購入価格	利付債の本数	ストリップス債の本数
SBI証券	100ドル	16本	20本
楽天証券	100ドル	2本	2本

（2023年4月3日時点）

振り返り
ポイント

10秒チェック！

米国の「ストリップス債」がおすすめです。ただし、為
替変動リスクがあるので留意の上投資しましょう。

223

増やす

088 ①分 minute

金投資の
おすすめは？

金は安全資産、災害や戦争が起こると値段が上がります

　金（ゴールド）はよく**安全資産**と呼ばれます。株や債券と違って、金には
そのものに価値があるからです。世界経済を揺るがすような事態が起き
ると金への投資が増える傾向にあります。**株や債券などと値動きが違う
こと**を生かして、資産分散のために買われることも多いのです。

　金に投資する方法には、ゴールドバー・地金型金貨・金ETF・投資信
託・純金積立があります。この中でおすすめなのは、**純金積立と金ETF**
です。

　純金積立は、毎月一定額を積み立てながら金の現物に投資する方法で
す。毎月コツコツと積立投資をすることで、ドル・コスト平均法の効果が
得られます。

　金ETFは、金の価格に連動するように作られた上場投資信託です。
つまり、金を買うのと同様の効果が期待できるというわけです。金ETFは、
証券会社で購入できます。世界最大の金ETFは「**SPDRゴールド・シェ
ア**」（証券コード：1326）。1口2万円程度で金の値動きを生かした投資が
できます。

純金積立・金ETF

● 純金積立のできる 主なネット証券

ネット証券のサービスはほぼ横並び。月1,000円から投資ができる

	SBI 証券	楽天証券	マネックス証券
サービス名	金・銀・プラチナ取引	金・プラチナ取引	マネックス・ゴールド
最低積立金額・単位	1,000 円以上 1,000 円単位		
年会費（税込）	無料		
積立手数料（税込）	1.65%		
金への交換	可能		

● 「SPDRゴールド・シェア」（1326） 2017年7月〜2023年4月

SPDR Gold Shares

2019年後半から徐々に値上がり
2020年のコロナショック後は
一時2万円をつける展開も

平時は安定

ロシアの
ウクライナ侵攻の影響で
2万円を超えて上昇

2023年4月3日時点
24,465円

◀◀◀ 10秒チェック! ▶▶▶

おすすめは、純金積立と金ETFです。安全資産である金を毎月少額投資することがネット証券では可能で、1,000円からはじめられます。

振り返りポイント

増やす

089 ⟳ (1分 minute)

投資信託は
どんな資産に
投資する？

プロに運用を
任せたほうが
安心かしら？

　投資信託は、投資家から集めたお金を、運用のプロ（ファンドマネージャー）が運用してくれる商品です。プロが運用するから必ず儲かる、というわけではありませんが、値段（基準価額）が上がれば値上がり益が得られるほか、保有中に分配金が得られるものもあります。

　私たちが購入できる投資信託は6,000本以上。その多くが、株・債券・不動産などの資産に投資しています。どの資産にどれだけ投資するかは、投資信託の商品ごとに異なります。通常、1本の投資信託は数十から数百もの投資先に投資しますので、**簡単に分散投資が実現**します。

　投資信託が組み入れている資産によって、リスクとリターンが変わります。一般的に、国内の資産より外国の資産、外国の資産の中でも**先進国より新興国の資産に投資する商品のほうがハイリスク・ハイリターン**。また、**債券よりも不動産、不動産よりも株式に投資する商品のほうがハイリスク・ハイリターン**となります。

投資信託のリスクとリターンは投資先で変わる

● 投資信託のイメージ

投資家が出したお金をプロがさまざまな資産に投資してくれる!

投資する人

投資信託（とうししんたく）

資産運用のプロ（ファンドマネージャー）が運用

| 日本の 株式・債券 | 欧米の 株式・債券 | 新興国の 株式・債券 | 不動産 |

など

● 投資信託のリスクとリターン

株が多ければハイリスク・ハイリターン
債券が多ければローリスク・ローリターン

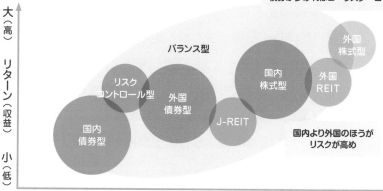

大（高）

リターン（収益）

小（低）

バランス型

リスク
コントロール型

外国
債券型

国内
債券型

J-REIT

国内
株式型

外国
REIT

外国
株式型

国内より外国のほうが
リスクが高め

小（低）　　　リスク（収益のブレ）　　　大（高）

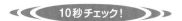
10秒チェック!

投資信託は組み入れている資産によってリスクとリター
ンが変わります。自分のリスク許容度に合わせてどの投
資信託を選ぶか決めましょう。

振り返り
ポイント

調べる　貯める　使う　増える　**増やす**

090 ⏱ 1分 minute

投資信託の運用方法「インデックス型」と「アクティブ型」ってなに？

プロに任せても運用成績が違う！？

うーむ

　投資信託の商品は、運用方法の違いによって2種類に分けられます。

　1つは**インデックス型**。目標とする指標（ベンチマーク）と同じような値動きをするように作られる商品です。たとえば、ベンチマークが日経平均株価であれば、日経平均株価の計算に使われる銘柄の大部分を組み入れて、**値動きが日経平均株価に連動するように**運用します。

　もうひとつは**アクティブ型**。こちらは、ベンチマークを上回ることや、ベンチマークを設けずに利益を追求することを目指す商品です。ベンチマークを上回るには、**ベンチマークよりも値上がりする資産を組み入れたり、売買タイミングを図らなければなりません。**そのために、ファンドマネージャーが調査・研究を重ねて、これぞというものを選んで運用するのです。

　実は、**インデックス型のほうが成績はよいケースが多い**のが現実です。投資先がほぼ機械的に決まるインデックス型は、手数料（信託報酬）が非常に安く設定されています。一方、アクティブ型は投資先選びにかかる手間が信託報酬に上乗せされ、利益を伸ばしにくいのです。

手数料の違いは運用成績に響く

● インデックス型とアクティブ型の違い

	インデックス型	アクティブ型
運用手法	指数と連動した値動きを目指す	指数を上回る運用成果を目指す
値動きのイメージ	インデックスファンド／指数	アクティブファンド／指数
コスト（信託報酬）	低い	高い

● 運用実績を比較してみよう

毎月3万円ずつ10年間（2013年3月〜2023年2月）投資した場合のシミュレーション結果

インデックス型

野村インデックスファンド・日経225

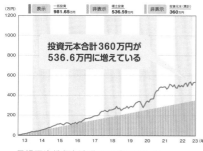

投資元本合計360万円が536.6万円に増えている

日経平均株価と連動する成果をめざし
200銘柄以上に投資する
信託報酬　年0.44％（税込）

アクティブ型

日本株厳選ファンド・円コース

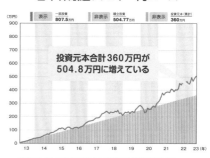

投資元本合計360万円が504.8万円に増えている

割安と考えられる魅力的な銘柄を探して
30〜50銘柄に投資する
信託報酬　年1.75％（税込）

振り返りポイント

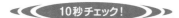

10秒チェック！

インデックス型のほうが低コストで運用成績が多いのが
現実です。インデックス型を選ぶのがおすすめです。

増やす

091 ①分 minute

投資信託の
おすすめを教えて！

堅実にお金を増やせるのはどれ？

　これからお金を堅実に増やそうという方におすすめなのは、**インデック
ス型**、または**バランス型の投資信託**です。投資信託は、すでに紹介した
iDeCoやつみたてNISAといった制度で購入することで、**税金を節約し
ながら効率よくお金を増やしていく**ことができます。

　商品選びの際にまずチェックすべきは手数料。投資信託では、購入時
手数料のかからない商品が増えています。また、信託報酬も年0.1％程
度と、とても低いものがあります。**信託報酬の差は利益の差に直結しま**
すので、少しの差でもこだわりましょう。

　次に、投資信託の資産の合計金額を表す**純資産総額が大きいもの、**
運用成績が中長期的に伸びているかをチェック。効率的に分散投資を
するにはまとまった資産が必要ですし、運用成績が伸びていれば利益が増
えて資産が増えるという好循環が生まれます。

　さらに、トラッキングエラー（ベンチマークとの値動きの差）が小さいものなら
ば、より指数と連動していることを示しインデックス型として優秀と判断さ
れます。

投資信託選びのポイント

● インデックス型・バランス型の投資信託選びのチェックポイント

❶ 純資産総額は大きいか
- 投資信託が理想的な運用をするには、ある程度の規模が必要
- 純資産総額があまりにも低いままだと、途中で運用を中止する「繰上償還」が行われてしまう可能性も
- 純資産総額が大きくなると、手数料を引き下げる投資信託もある

❷ 信託報酬は安いか
- 同じような投資先の商品ならとくに、信託報酬が安いほど有利

❸ 運用成績が中長期で伸びているか
- 基準価額と純資産総額が右肩上がりのものを選ぶ

❹ トラッキングエラーは小さいか
- インデックス型を選ぶ際、トラッキングエラーが小さいほどきちんとベンチマークに連動していることを表す

● おすすめインデックス型・バランス型商品

		純資産総額 (億円)	信託報酬 (年率)	リターン (3年・年率)	リターン (5年・年率)
インデックス型	eMAXIS Slim 全世界株式 (オール・カントリー)	9,602	0.1144%	24.49%	―※
	SBI・全世界株式 インデックス・ファンド	963	0.1102%	24.32%	11.00%
	SBI・V・全米株式 インデックス・ファンド	1,379	0.0938%	―※	―※
バランス型	eMAXIS Slim バランス 8資産均等型	1,830	0.154%	12.71%	5.42%
	ニッセイ・インデックス バランスファンド4資産均等型	286	0.154%	10.91%	5.66%

（2023年4月3日時点）
※eMAXIS Slim 全世界株式（オール・カントリー）は2018年10月31日、SBI・V・全米株式インデックス・ファンドは2021年6月29日に運用が開始された商品のため、記載なし

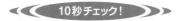

10秒チェック！

お金を堅実に増やすなら、インデックス型かバランス型がいいでしょう。運用が順調で信託報酬などのコストが安いものを選びましょう！

振り返りポイント

増やす

092 ⏱1分 minute

不動産投資の おすすめは？

自分で住まない
マンションを買うのって
なんだか不思議

　不動産投資は、ワンルームマンションやアパートといった不動産を購入して、家賃を受け取ったり、売却益を手に入れたりする投資です。

　不動産投資のメリットは、入居者がいる限り、長期的に安定した家賃収入が得られることです。しかも、金融機関からお金を借りてできるため、何千万円もお金を自身で用意する必要はありません。自分のお金での投資が「1馬力」だとしたら、**不動産投資は「10馬力」「20馬力」でお金を増やせる**、効率のよい投資方法なのです。

　おすすめの投資先は、**都内の中古ワンルームマンション**。東京は人口が増え続けている数少ない地域で、単身世帯がとくに増加しています。物件選びはあくまで「自分が住みたいか」ではなく、「**他人が住む需要があるか**」で考えることが大切です。

　もっとも、ローンを組むにはある程度の信用力が必要です。目安となる**年収は400万円以上**で、**公務員や大企業、成長企業に勤めている**と有利です。また、**勤続年数は3年以上**、長いほど有利になります。信用力があるなら積極的に取り組みましょう。

不動産投資で不労所得を手に入れよう

● 不動産投資のイメージ

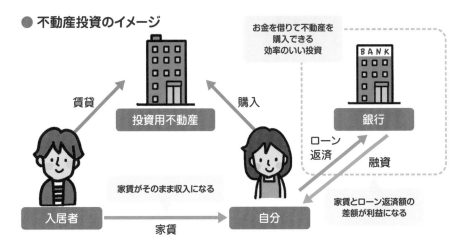

お金を借りて不動産を
購入できる
効率のいい投資

賃貸　投資用不動産　購入　銀行　BANK

ローン返済　融資

入居者　家賃　自分

家賃がそのまま収入になる

家賃とローン返済額の
差額が利益になる

● 東京都内の単身者の人数・割合

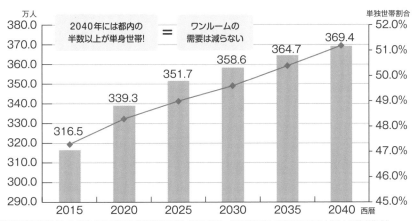

2040年には都内の
半数以上が単身世帯！　＝　ワンルームの
需要は減らない

万人

西暦	人数
2015	316.5
2020	339.3
2025	351.7
2030	358.6
2035	364.7
2040	369.4

単独世帯割合
52.0%〜45.0%

（総務局発表（2019.3.28）「東京都の家族類型別世帯」「東京都の一般世帯及び1世帯当たり人員」をもとに筆者作成）

振り返り
ポイント

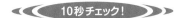
10秒チェック！

おすすめは、「都内中古ワンルームマンション」です。
年収500万円以上あるならば、積極的に取り組みましょう。

増やす

093 ⏱1分

満室経営が
できることが
超重要！

不動産業者・賃貸管理会社は超重要！

　不動産投資を成功させるには、業者選びが大切です。不動産投資では、物件選びから購入、そして購入後に至るまで、長期間にわたって不動産業者や賃貸管理会社のお世話になります。ですから、**しっかりした業者を選ぶことが重要なのです。**

　物件選びの際の不動産業者は、**優良な物件を取り扱っているかどうか**が大切。物件を購入しても、入居者がつかなければ家賃は入ってこないからです。加えて、担当者が**そのエリアに詳しく、きちんと勉強しているかどうか**もチェックしたいところです。また、売るだけでなく**購入後のフォローをしてくれる会社**だと安心です。

　物件の管理を行う賃貸管理会社は、空室・滞納・入居者トラブルなどが発生した際に、迅速丁寧に対応してくれるかが重要です。**管理実績や財務状況がしっかりしているかを確認しましょう。**加えて、気軽に相談しやすいか、要望や心配事などを話しやすいかなども、長いお付き合いをする上で大切です。

よい不動産業者・賃貸管理会社を選ぶポイント

● 不動産業者

物件選びから購入手続きまでサポートしてくれる業者

①優良な物件を扱っている	入居者がきちんとつく優良な物件を取り扱っているか。「大手なら安心」とは限らず、街の不動産屋の中にも地域に根ざした人脈・優良物件があることも多い
②営業マンは優秀?	担当者が勉強熱心か、顧客側の視点をもった営業ができるか、誠実か。優秀な営業マンにはたくさんの顧客がついている。逆に営業がしつこいところはNG
③営業マンと相性があう?	長い付き合いになる以上、きちんと心を開いて心配事や要望などを話せる営業マン、相性の合う営業マンを選びたい
④長年不動産業を営んでいる?	宅建の免許番号は免許を更新した回数を示している（5年に1度更新）回数が多いほど長年不動産業を営んでいる（＝多くの信頼があるのでは?）ということがわかる

● 賃貸管理会社

物件購入後の入居者募集・管理の対応をしてくれる会社

①管理に力を入れている?	物件管理に力を入れている会社は、クレームや家賃滞納などがあっても迅速丁寧に対応してくれる
②賃貸付けは得意?	空室の期間を短くするために、物件の入居率を確認。すぐに入居者が見つかる（賃貸付けが得意な）会社がよい
③なんでも気軽に相談できる?	不動産業者同様長い付き合いになるので、心配事や要望をオープンに話せるかどうかはとても重要
④評判はどう?	すでに利用している人の評判を確認したい。ネットの口コミサイトで評判を確認する方法も

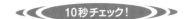

10秒チェック!

業者選びのチェックポイントは、優良物件があるかどうか? そして賃貸付けが得意かどうか? 信頼のおける不動産会社かどうかが重要です。

振り返りポイント

増やす

094 ①分 minute

株式投資の銘柄は何をみて選ぶ？

10年後の未来をみる力が必要ってことですね

発見！

　値上がりが期待できる株の銘柄を探すことは、実は誰にでもできます。

　値上がりが期待できる銘柄は、**10年後、20年後も必要とされるビジネス**をしています。たとえば、世界の人口は増加の一途をたどるとみられています。すると、食料問題や資源の枯渇、生態系の変化が起こります。これらの課題に取り組む業界や会社は将来性があります。

　加えて、**売上と営業利益が順調に増加しているか**チェック。売上は商品やサービスを売って得た収入で、営業利益は売上から売上原価と販管費を引いた本業の収益です。

　また、**オンリーワンの強みがある会社**や、**研究開発、設備投資、人材育成、M&Aに力を入れている会社**も有力。今後の成長にも期待ができます。

　そして、大切にしたいのが身の回りのヒント。ネットやテレビの広告、コンビニの新商品、自分と違う世代で流行っているものなどの中にも、株式投資のヒントがあるかもしれません。**情報のアンテナを高くして、投資先を探してみましょう**。

銘柄選びのポイント

生活を快適で楽しいモノにしているか

消費者目線にたった役に立つ商品やサービス、付加価値の高い商品やサービスを提供し続けている銘柄は有望。身近なところで見つかることも

10年後、20年後も必要であり続けているか

ピッ！

日本（世界）が直面している長期的な課題を解決しようとしている会社は有望。人口増、温暖化、医療機器、美容、健康、介護などチェック

会社ならではの強みがあるか

たとえばヤクルトなら乳酸菌飲料、サンリオならキティちゃんなどのキャラクターという具合に、オンリーワンの強みがある会社は強い

成長・進化し続けるDNAがあるか

米国のGAFAM※のように、たとえ大企業になっても企業を意欲的に買収したり、研究開発費を投じて未来に備えたりしている会社は強い

※GAFAM：米国の巨大IT企業、グーグル・アマゾン・メタ（旧名フェイスブック）・アップル・マイクロソフト

振り返りポイント

◄◄◄ 10秒チェック！ ►►►

10年後、20年後も必要であり続けている業界かどうかは大事。売上と営業利益の両方が右肩上がりかどうかの数字の根拠は必須です。

増やす

095 ①分

会社四季報で
値上がりする
銘柄を探そう！

そんな簡単に見つかるものなの？

　会社四季報は東洋経済新報社が年に４回刊行している書籍。国内の株式市場に上場する全企業の情報が掲載されています。投資にとても役立ちますが、すべて読むのは大変ですので、有望な銘柄を探し出しましょう。

　まず、売上高と営業利益だけをみて、**過去５年間と今後２年間の予測が伸び続けている会社をチェック**。これだけで50〜100社程度に絞れるはずです。

　こうして選んだ会社が、前ページで紹介したポイントを押さえているかをチェック。加えて、財務欄の「**自己資本比率**」や「**営業CF（キャッシュフロー）**」も確認します。

　さらに注目したいのが業績欄の「**予**」と書かれた業績予想。これは、四季報の記者が取材を通じて予想した業績です。

　会社四季報は米国株版もあります（年２回発行）。ぜひチェックしてみてください。

会社四季報はここだけ読む

財務欄
会社の資産・現金に関する情報
- 自己資本比率（会社の借金以外のお金）が50%以上だと安全性が高い
- 営業CFがプラスで多いほど本業が好調
（マイナスだと黒字倒産の危険あり）

記事欄
取材を元にした業績の見通しや新製品、今後の経営課題など
- 【　】内の見出しに【独自増額】【高成長】【連続最高益】などの強気の言葉があれば今後の成長が期待できる

3132 マクニカホールディングス

【本社】222-8561 横浜市港北区新横浜1-6-3 ☎045-470-8980

業績予想の修正欄
前号の営業利益予想と比較して、どのくらい増減したかを示す
- ⬆⬆ 大幅増額：30%以上の増額
- ⬆ 増額：5～30%未満の増額
- ➡ 前号並み：5%未満の増額
- ⬇ 減額：5～30%未満の減額
- ⬇⬇ 大幅減額：30%以上の減額

「大幅増額」や「増額」があったら期待大

業績欄
過去3～5期分と将来2期分の売上や利益の推移
- 連続で売上高・営業利益が上昇しているかをチェック
- 「予」が「会」より高いものに期待

振り返りポイント

10秒チェック！

売上高、営業利益は要チェック。過去3～5年間・今後2年間の予測が伸び続けている会社をチェックして絞ります。『四季報』は宝の山。

増やす

096 ①分 minute

最近話題の仮想通貨ってどんなもの？

いちばんリスクが高いってことね

　仮想通貨（暗号資産）は、ひとことで言えばネット上でやりとりできる電子データ。仮想通貨は、交換所や取引所と呼ばれる交換業者で売買・換金することができます。

　仮想通貨の値動きはとても激しいことで知られています。仮想通貨の元祖として知られるビットコイン（BTC）も、1日で100〜200万円程度変動することも珍しくありません。資産があっという間に半額になる可能性があるほどの高いリスクを持っているのです。半額程度の下落ならいいほうで、通貨によっては投資した資金がゼロになることも。投資してみたいという場合は、**総資産の1割以下で、少額の投資にとどめるべき**です。なお、積立投資のできる取引所もあります。

　仮想通貨の種類はたくさんありますが、取引するならば、時価総額と取引量が多く、有名企業との提携が多い**ビットコイン、イーサリアム**の2通貨が無難です。

値動きの激しい仮想通貨

● ビットコインの値動き（2017年〜2023年4月）

投機的な値動きをする
リスクの高い商品!

2021年10月
再び700万円を突破

2021年4月
一時700万円を突破

2023年4月
370万円前後

2020年10月頃
急激な値上がり

2014年1月、
10万円程度だった

2018〜19年下落し、
一時40万円を下回る

2017年11月
一時200万円を突破

2021年7月
320万円台まで下落

（2023年4月3日時点）

● 投資するならこの2通貨

仮想通貨名	どんな通貨？
ビットコイン （BTC）	• 仮想通貨のパイオニア • 個人間の送金を素早くするために開発された • 銀行を介さず、個人間でお金のやりとりができる • 買い物に使える店舗もある
イーサリアム （ETH）	• ビットコイン以外の仮想通貨（アルトコイン）の代表格 • 仮想通貨の特徴を生かした「契約の自動化」を目指す • トヨタ、JP モルガン、マイクロソフトなど、500 以上の企業が提携している • NFT を取引する通貨としても活用されている

時価総額・取引
量が多く、多数
の企業が提携し
ているので、突
然価値がゼロに
なることは考え
にくい

振り返り
ポイント

◄◄◄ 10秒チェック! ►►►

仮想通貨（暗号資産）は、ネット上でやりとりできる電子
データです。値動きがとても激しいため、投資する場合
は、資産の1割以下にしましょう。

増やす

097 ①分 minute

クラウドファンディングの一種、ソーシャルレンディングとは？

一円から投資できる!?

　ソーシャルレンディングは、ネット上で不特定多数の人からお金を集めるクラウドファンディングの一種。お金を借りたいと考えている投資先にネット上でお金を貸すことで、分配金や利息を得ることができる仕組みです。**お金を貸す見返りにお金を得られ、満期になると投資したお金が戻ってくるのですから、債券に似ています。**

　おすすめは、貸付投資サービスの「funds」（ファンズ）です。fundsは、主に上場企業がお金を集めるために作ったファンドにネット経由で投資ができるサービスです。債券同様、ファンドには予定利回りと運用期間が設けられています。

　fundsは1円から可能。そのうえ、登録や利用に際しての手数料がかからない（振込手数料のみ負担）ため、手軽にスタートできるのも魅力。人気のファンドはあっという間に売り切れますが、中には抽選で購入できるものも。

貸付投資サービスはfundsがおすすめ

● ソーシャルレンディングのしくみ

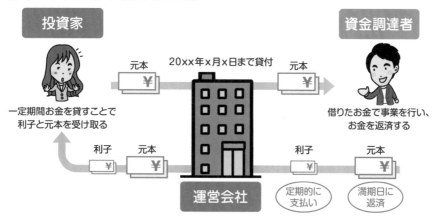

投資家

資金調達者

20xx年x月x日まで貸付

元本 ¥

元本 ¥

一定期間お金を貸すことで
利子と元本を受け取る

借りたお金で事業を行い、
お金を返済する

利子 ¥　元本 ¥

利子 ¥　元本 ¥

運営会社

定期的に
支払い

満期日に
返済

債券と違い、ソーシャルレンディングには
貸し手と借り手をつなぐ運営会社がいる

● おすすめの貸付投資サービス「funds」

投資してほったらかし
利息でコツコツ、
新しい投資を始めよう

おもに上場企業のファンドに
投資できるサービス

- 利回り年1〜3%
- 1円から投資できる
- 「funds優待」がもらえる
  ファンドもある
- 先着だけでなく抽選で
  購入できる方式も

※2023年4月3日時点で元本割れは発生していない

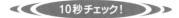

10秒チェック！

ソーシャルレンディングは債券に似ています。おすすめ
はfundsです。利回りは1〜2%のものが多いです。

振り返り
ポイント

増やす

098 ① minute 1分

気になる！
FX・積立FX

ハイリスク・
ハイリターンな
投資なので
注意しなきゃ

　FX（外国為替証拠金取引）は、**円・ドル・ユーロといった通貨を売買**（交換）**して利益を狙う投資です。** 通貨の売買の比率を表す為替レートは、平日24時間値動きしています。この為替レートの値動きによって、利益が出たり損失が出たりする、というわけです。

　FXには、FX会社にお金を預けることで、**最大25倍の金額を投資できる「レバレッジ」というしくみがあります。** また、高金利の通貨を買った（低金利の通貨を売った）場合、金利の差額を「スワップポイント」として受け取れます。

　ただ、レバレッジは諸刃の剣。為替レートが思惑に反した値動きをすると、**少しの値動きでも大きな損失につながってしまいます。**

　レバレッジを抑えながらスワップポイントを受け取りたい場合におすすめなのが「**積立FX**」。決まったタイミングで一定額ずつ外国の通貨を購入することで、ドル・コスト平均法の効果を生かしたFXができます。

FXで利益が出る仕組み

● レバレッジで利益・損失が大きく変わる

（例）レバレッジ1倍・10倍で1万ドル買った場合の利益・損失は?

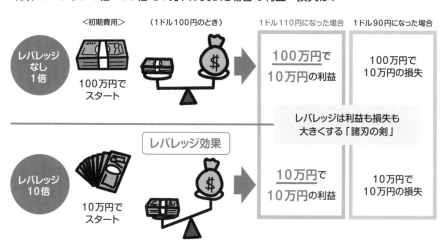

	＜初期費用＞	（1ドル100円のとき）	1ドル110円になった場合	1ドル90円になった場合
レバレッジ なし 1倍	100万円でスタート		100万円で10万円の利益	100万円で10万円の損失
レバレッジ 10倍	10万円でスタート	レバレッジ効果	10万円で10万円の利益	10万円で10万円の損失

レバレッジは利益も損失も
大きくする「諸刃の剣」

● SBI FXトレード「積立FX」

FXで積立投資できるサービス

- 1通貨から投資できる
- 取引通貨ペアは34種類
- レバレッジは1〜3倍
- 購入頻度は
  毎日・毎週・毎月
- スワップポイントももらえる
  現金で受け取るほか
  自動で再投資も可能

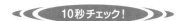

10秒チェック!

FXはレバレッジの倍率が重要です。堅実に増やすなら、レバレッジを抑えながらスワップポイントをもらえる「積立FX」がおすすめ。

振り返り
ポイント

お金に関するコラム
その8

投資信託「5つの地雷商品・サービス」に要注意！

①毎月分配型ファンド

　毎月分配金がもらえるタイプの投資信託です。一見、毎月のお小遣いのようでお得そうですが、運用で利益が出なかった場合、元本を取り崩してでも分配金（元本払戻金）を出します。元本が減ると、複利効果も減るため、長期の資産形成には向きません。

②テーマ型ファンド

　AI、ロボット、SDGsなど、話題のテーマに関わる銘柄に投資する商品です。テーマの注目度が下がるとともに値下がり。再び値上がりすることが少ないのです。短期保有と割り切って投資するならやってもOK。

③通貨選択型ファンド

　株式や債券などの投資対象に加えて、円以外の通貨を選択できる商品です。資産の値上がり益や配当金・分配金に加えて、選んだ通貨の為替差益や利息なども受け取れます。ただ、仕組みが複雑で、運用実績も今ひとつの商品が多くあります。

④ファンドラップ（ラップ口座）

　投資家と金融機関の間で契約を結び、投資をすべて金融機関に任せるサービスです。プロが投資家の意向を汲み取り、投資をしますが、自分で投資するより手数料が高くつきます。

⑤ロボアドバイザー（ロボアド）

　金融のプロが開発したアルゴリズムを投資に生かすことのできる商品です。いくつかの質問に答えるだけで、自分に合った投資をスタートできますが、こちらも手数料が高くつくのが難点です。

　地雷商品に共通するのは、わかりにくい複雑な仕組みがあることと、手数料が高いこと。これらの地雷を踏むことなく、シンプルで手数料の安い商品を選んでコツコツと運用したほうがお金を増やせるでしょう。

第9章

1分でわかる！
お金のメンタルと
Q&A

ここまで「節約する」「貯める」「使う」「備える」「増やす」の
5つの考え方を紹介してきましたが、
本当に大切なのはみなさんのメンタル。
この章では、お金持ちとそうでない人を分ける
「心」の問題について解説します。

節約する　貯める　使う　備える　増やす

099 ⏱1分minute

お金を貯める
マインドとは？

あとは行動あるのみです！

　お金に困らないために必要な「節約する」「貯める」「使う」「備える」「増やす」の5つの考え方を紹介してきました。わかりにくい項目は、ほとんどなかったのではないでしょうか。それでもお金持ちの人とそうでない人に分かれる理由は、「これらのお金の知識を身につけて、実際に行動している人と、そうでない人に分かれる」からです。

　お金持ちは、自分のライフプラン・マネープランを考え、中長期的な視点をもってお金を使います。支出は見える化し、無駄遣いを極力減らし、予算を立てて家計を運営します。そのうえ、先取り貯蓄で毎月お金を確実に貯めています。とはいえ、すべてにおいてケチなのではなく、価値のあるものにはお金を惜しまずにパーっと使います。**支出のメリハリがついている**のです。

　また、お金持ちは勉強にもポジティブ。流行・経済・金融商品に詳しく、お得なものをいち早く取り入れ実践します。

　お金持ちになれるかどうかは、「**行動・実践するか**」にかかっています。

お金持ちとそうでない人の違い

お金持ちの人		お金持ちでない人
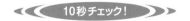	**VS**	
将来の目標を持っている。ときどき、見直しも行い調整する	ライフプラン・マネープラン	目標がとくにない。あってもなんとなくで、達成しようとしていない
毎月いくら使っているか把握し、予算を立てている	支出の見える化	支出がわからないので、予算を気にせず使ってしまう
自分たちにとって必要なもの・大切なものを考えてお金を使う	支出の価値基準	「今楽しみたいから」と考えなしにお金を使う
「先取り貯蓄」で確実にお金が貯められている	貯蓄の仕組み化	「後から貯蓄」になってしまっている
詳しい。新しいもの、よさそうなものを常に探し、試している	流行・経済・金融商品	詳しくない。よりよいものがあっても、変えようとしない
高い。アドバイスをすぐに実行に移す。前向きに行動する	決断力	鈍い。アドバイスをなかなか実行しない

10秒チェック！

振り返りポイント

「節約する」「貯める」「使う」「備える」「増やす」はもちろん大切ですが、お金持ちになりたければすぐに行動し・実践しましょう！

使う　　　増やす

100 ⏱1分 minute

お金を増やす「投資脳」とは？

「生き金」と「死に金」がわかるのがお金持ちへの道なのです

　「お金を使うと減る」のは本当でしょうか。確かに、1,000円の本を買ったら、財布から1,000円がなくなるのですから、お金は減ります。しかし、その1,000円の本から学んだことを生かして、100万円稼げるようになったとしたら「お金を使って増やせた」ということになるでしょう。

　お金持ちは、普段の支出はもちろん、資産運用にしても、スキルアップにしても、このような「投資脳」で考えています。つまり、**お金をより価値のあるものに使って、今あるお金を増やそうとしているのです。**

　「お金が減ってしまうから、なるべく使わないようにしよう」と消費を減らし、節約することはもちろん大切です。しかし『お金を使う＝消費』という「消費脳」では、節約はできるかもしれませんが、**お金を増やしていくことは難しいのです。**

　みなさんも消費脳を投資脳に変え、お金持ちの習慣を身につけていけば、お金はどんどん貯まっていきます。

消費脳 「お金を使うと減ってしまう」と考えること

- お金を節約して使わないようにする
- 無駄遣いをしないが、投資もしない
- 必要なものまで節約してしまう

節約はできるが、お金は増えない！

投資脳 「お金を使うと増える」と考えること

- 価値のあるお金の使い方を考える
- 中長期的な視点でお金を使う
- 金融商品への投資も積極的

お金が増える、お金持ちの考え方！

10秒チェック！

つねに価値のあるお金の使い方を考え、お金を使ってお金を増やしていきましょう！今まで紹介してきた方法を整理して、投資脳で考えていきましょう

振り返りポイント

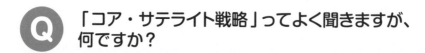

Q 「コア・サテライト戦略」ってよく聞きますが、何ですか？

A 資産を「攻め」と「守り」に分けて
お金を減らさずに
増やすことを目指す戦略です！

コアは守り、
サテライトは
攻めです

　コア・サテライト戦略は、**資産全体を「コア」と「サテライト」の2つに分けて運用する投資の戦略**です。

　投資の運用成績は、**資産配分で9割が決まります**。プロの機関投資家は、お金を減らさずに増やすために、守りの資産をつくったうえで攻めの投資を行います。

　個人で投資を行うときも、考え方は同じです。

　資産の7～9割を占める守りの資産（コア資産）では預貯金や債券、インデックスファンド・バランスファンドといった比較的リスクの低い資産を活用し、**お金を堅実・安定的に増やすことを目指します**。

　残りの1～3割の攻めの資産（サテライト資産）では、個別株やアクティブファンドといった、**リスクの高い資産で利益の積み増しを狙います**。

　守りのコア資産と攻めのサテライト資産を組み合わせて、**お金を減らさずに増やすことを目指しましょう**。

守りながら攻めることで着実に資産形成する

● コアとサテライトで役割が異なる

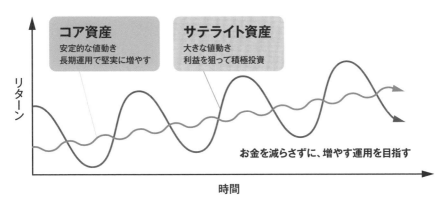

コア資産
安定的な値動き
長期運用で堅実に増やす

サテライト資産
大きな値動き
利益を狙って積極投資

リターン

お金を減らさずに、増やす運用を目指す

時間

● コア・サテライト戦略

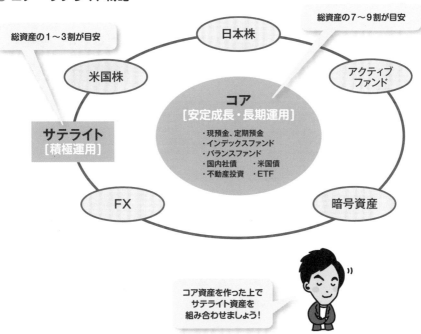

総資産の1〜3割が目安

総資産の7〜9割が目安

日本株

米国株

アクティブ
ファンド

サテライト
[積極運用]

コア
[安定成長・長期運用]
・現預金、定期預金
・インデックスファンド
・バランスファンド
・国内社債　　・米国債
・不動産投資　・ETF

FX

暗号資産

コア資産を作った上で
サテライト資産を
組み合わせましょう!

Q FIREには色々種類があると聞きました。
詳しく教えてください。

A FIREは大きく分けて、
完全にリタイアする「フルFIRE」と
セミリタイアする「サイドFIRE」の
2種類です！

早期のリタイヤを目指す投資です

FIREとは、「経済的自立と早期リタイア」を指す言葉です。FIREでは、支出を減らして投資を行い、投資による収入（不労所得）を得ることで早期リタイアを目指します。

FIREには、大きく分けて「フルFIRE」と「サイドFIRE」があります。フルFIREは、仕事を完全に辞め、不労所得による収入だけで生きるFIRE。対するサイドFIREは、資産運用の収入を得つつ好きな仕事で働き、勤労収入を得ながら生きていくFIREです。**フルFIREは完全なリタイア、サイドFIREはセミリタイア**ともいえます。

FIREは比較的少ない資産で早期リタイアが実現できることから話題になりましたが、それでも一般の方がフルFIREを目指すには、激しい節約や多額の積極投資を伴うのが実情です。

その点、サイドFIREであれば、フルFIREよりも少ない資産で達成可能。**日本でおすすめのFIREは、サイドFIRE**だと考えます。

日本でおすすめのFIREはサイドFIRE

● FIREに必要な資産は「年間の生活費÷4%」

4%ルール　「年4%で運用し、生活費も4%以内に収めれば、資産を減らさずに暮らせる」という、FIREの基本的な考え方。

（例）年間の生活費が300万円の場合 …… **300万円÷4%＝7,500万円**

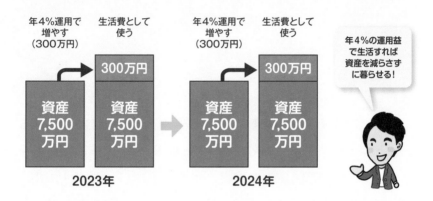

● FIREのパターン

難易度　高 ←→ 低

フルFIRE
7,000万円を超える資産を用意し、仕事をリタイアする（会社を退職する）FIRE。退職後は資産運用による収入だけで生活する。

日本でおすすめの
FIREは
サイドFIRE！

サイドFIRE
資産運用による収入＋勤労収入で生活するFIRE。勤労収入は現役時代より少なくて済むため、好きな仕事や時短勤務を選べる。

リッチ型FIRE（Fat FIRE）
数億円に及ぶ十分な資産を確保して早期リタイアするFIRE。FIRE後も生活は豊かだが再現性は低い。

超節約型FIRE（Lean FIRE）
極端な節約をして生活費を抑え、資産運用の収入のみで生活するFIRE。用意する資産も少なく済む。物価の安い地方や海外移住のケースも多い。

バリスタFIRE
資産運用での収入に加え、カフェで気軽に働くなど、残りをパートタイムという形で働いて収入を得る。サイドFIREのなかでも、より気軽に働きたい人向け。

Q 統合NISAの利用戦略を教えて！

A 基本はつみたて投資枠で
投資信託にコツコツ投資。
成長投資枠でETF・個別株を
組み合わせる方法もあり！

コアサテライト戦略の活用を！

　統合NISAの利用戦略の基本は、コア・サテライト戦略を活用すること。コア資産は**つみたて投資枠でコツコツと長期・積立・分散投資**を行います。毎月5万円ずつ投資した場合、元本は30年で上限の1,800万円に達しますが、積立満了後も運用を続けることで複利効果を生かした資産増が見込めます。

　つみたて投資枠だけでなく、成長投資枠を活用する方法もあります。世界株・全米株などに投資するETF（上場投資信託）を利用すれば**投資信託よりも低コストの分散投資**ができます。また、つみたて投資枠で5万円×20年（1,200万円）投資し、残りの600万円を成長投資枠で個別株に投資し、サテライト資産を用意するのも一案。

　毎月10万円など、より多く投資できるならば、**iDeCoとの併用を優先**しましょう。iDeCoは、投資の利益にかかる税金を非課税にできる上、**掛金が全額所得控除にできて、所得税や住民税の負担を減らせます**。毎月投資に回せる金額が多いのであれば、所得税率も高いことが想定されますので、節税効果も高くなります。

つみたて投資枠の活用を優先

❶ つみたて投資枠で投資信託

リスク 高 ↕ 低

- 世界株・全米株のインデックスファンド
- バランスファンド「8資産均等型」
- バランスファンド「4資産均等型」

P231を参考に
取れるリスクに合わせて選ぼう

❷ つみたて投資枠で投資信託・成長投資枠でETF・個別株

- ETF …… 世界株・全米株に投資する商品
- 個別株 …… 好業績銘柄がおすすめ

❸ 統合NISAとiDeCoの併用

毎月10万円など、多く投資できるならiDeCoを優先。
毎月の投資上限額までiDeCoを利用することで所得税や住民税の負担を減らせる

例）毎月5万円ずつ統合NISAで投資し、年利3％・5％で増やせた場合の資産総額の推移

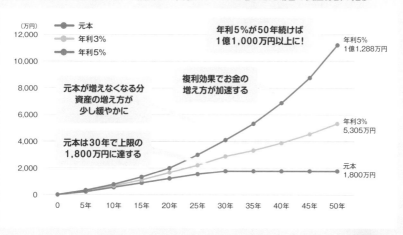

（万円）
- ━━ 元本
- ━━ 年利3％
- ━━ 年利5％

年利5％が50年続けば
1億1,000万円以上に！

元本が増えなくなる分
資産の増え方が
少し緩やかに

複利効果でお金の
増え方が加速する

元本は30年で上限の
1,800万円に達する

年利5％
1億1,288万円

年利3％
5,305万円

元本
1,800万円

統合NISAでは上限の1,800万円まで
投資したあとも投資を続けることで、
複利効果を生かしてお金を増やす期待ができます。

Q 円安の今、投資してもいい？

A 為替レートに関わらず
世界経済の成長は続く。
全世界への長期・積立・分散投資なら
気にせず続けてOK！

レートに
左右されない
投資のコツ

　「円高・円安」とは、**海外の通貨から見て日本円の価値が高くなった
か安くなったかを表す言葉。**2022年、日本円と外貨の為替レートは急
激に円安が進みました。しかし、たとえば「つみたてNISA、統合NISA、
iDeCoなどで世界中に長期・積立・分散投資を行っている」といった場
合は、**為替レートの動向を気にせず投資を続けていいでしょう。**

　為替レートが円安に進むと、外貨建て資産の価値が高まります。円安
が進むことで、為替差益が得られます。

　そもそも、世界経済は為替レートに関わらず成長しています。IMF
「世界経済見通し」によると、　世界の経済成長率は**2023年2.9%、
2024年3.1%**と予測されています。今後も世界経済は年3〜4%で
成長していく可能性は高いので、**為替レートに関係なく全世界への投資
を続けるべきでしょう。**

　再び円高になったとしても、今度は投資信託を安く買うことが可能にな
ります。為替レートに一喜一憂せず長期・積立・分散投資をすることで、
複利効果の恩恵を得ながら大きな資産を築けるでしょう。

外貨建て資産の価値は円安になると高まる

● 経済成長率の推移

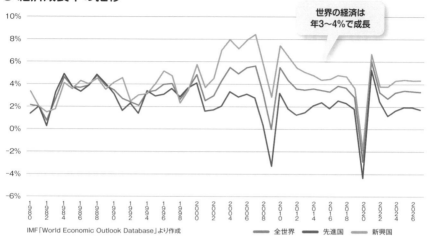

世界の経済は年3～4%で成長

IMF「World Economic Outlook Database」より作成

—— 全世界　—— 先進国　—— 新興国

● 米ドル／円の為替レートの推移（2020年1月～2023年4月3日・日足）

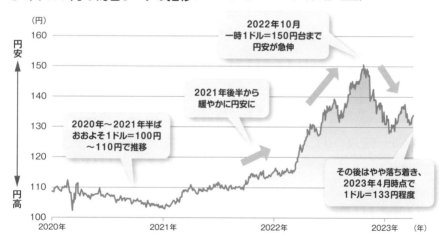

2022年10月
一時1ドル＝150円台まで
円安が急伸

2021年後半から
緩やかに円安に

2020年～2021年半ば
おおよそ1ドル＝100円
～110円で推移

その後はやや落ち着き、
2023年4月時点で
1ドル＝133円程度

円安

円高

（円）

（年）

円高の局面がきても、積立投資を続けることで、
海外資産を多く買い付けることが可能。
平均購入単価が下がりますので、
値上がりした時に利益を得られやすくなります。
為替変動とは関係なく、
長期的に右肩上がりになる資産へ投資を続けるのが大切です。

Q 資産が大きく値下がりしたら？

A 暴落時でも
淡々と積立投資を続けるのが
おすすめ！

積立投資は
忍耐強く
コツコツと

バブル崩壊、リーマンショック、コロナショック。市場はときどき、大暴落します。その影響で、資産が大きく減ることもあるかもしれません。

しかし、値下がりしたからといって、**積立投資をやめることはおすすめしません**。資産を売ってしまうと、再び値上がりしても資産が回復せず、大きくお金を減らすことになるからです。実際、値下がりを続ける相場はありません。

たとえば、リーマンショックのあった2008年9月から2023年4月まで毎月1万円ずつS&P500に投資していたら、**元本の176万円が約534万円に増えた計算です**。リーマンショックはもちろん、2020年のコロナショックの値下がりも乗り越えて資産が増えています。

積立投資は暴落に強い投資手法といえます。**積立を止める、積立金額を減らす、売却する、はしないことをおすすめします**。

積立投資は暴落をカバーする有力な手段

● 市場はときどき大暴落することがある

1987年	ブラックマンデー	ニューヨーク株式市場で発生し、世界中に波及した株価下落
2000年	IT バブルの崩壊	1990年代のIT・ハイテク関連株の高騰がストップし、株価が下落
2008年	リーマンショック	米国の投資銀行、リーマン・ブラザーズ社の倒産によって市場が大幅下落
2011年	東日本大震災	2011年3月11日に東北地方で発生した地震・津波の影響で株価が一時下落
2018年	チャイナショック	好景気だった中国のバブルがはじけ、各国に影響を及ぼした株価下落
2020年	コロナショック	新型コロナウイルスが世界的に蔓延しはじめたことを受け市場が大幅下落

● リーマンショックから月1万円ずつS&P500に投資した場合の資産総額

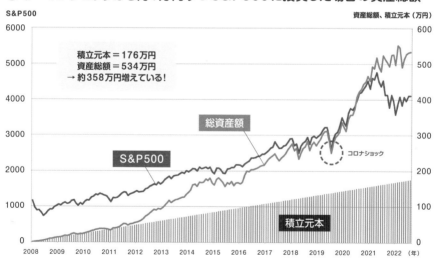

積立元本＝176万円
資産総額＝534万円
→ 約358万円増えている！

総資産額

S&P500

コロナショック

積立元本

暴落が発生すると、不安に思う気持ちはよくわかります。
たとえ一時的に暴落しても、
積立投資を淡々と続ければ、資産を堅実に築けるでしょう。

Q マイナンバーカードは
どんなところで役に立つ？

A 本人確認はもちろん、行政手続き・
確定申告・書類の取得・保険証まで
さまざまな役に立ちます！

今後ますます
活用しやすく
なります

マイナンバーカードは、**マイナンバーが記載された顔写真付きのカード**。ICチップがついたプラスチック製のカードに、氏名、住所、生年月日、性別、マイナンバー、本人の顔写真などが記載されています。

マイナンバーカードは、本人確認書類として利用できるのはもちろん、マイナンバーの提示が必要なさまざまな場面で**マイナンバーを証明する書類**として活用できます。オンラインでの行政手続きやe-Taxを利用した確定申告などにも利用できるようになっています。

そのうえ、**コンビニで住民票や印鑑証明などの書類を取得する**ことも可能。役所の窓口よりも100円安く発行できます。

2021年10月からは、マイナンバーカードを健康保険証「**マイナ保険証**」として利用可能に。マイナ保険証を利用すると、顔認証によって受付が自動化でき、正確なデータに基づく診療・薬の処方が受けられるように。さらに、**高額療養費**や**限度額適用認定の申請も自動化**できます。

今後はスマホへのカード機能の搭載や、マイナンバーカードと運転免許証などとの一体化なども予定されています。

活用の幅が広がるマイナンバーカード

本人確認書類として使える

1枚で本人確認と
マイナンバーの確認が同時にできる

オンラインで情報確認・手続きができる

「マイナポータル」で
年金の確認や確定申告が便利に

コンビニで証明書が取れる

住民票や印鑑証明が発行できる。
役所窓口より100円安い

民間サービスでの活用

証券会社での口座開設や
ログインなどにも活用できる

保険証として使える

医療機関の受付がスムーズ。
高額療養費などの申請も自動

さらに今後は…

- スマホにマイナンバーカードの機能を搭載（Android端末が先行）
- 運転免許証と一体化
- 引越し手続きのワンストップサービス

など予定

マイナンバーカードの活用シーンは今後も広がり、
ますます便利になっていくので、
早期に作成しておきましょう。

Q 夫婦のお金の管理方法が知りたい！

A 毎月の生活費は「共通の財布」で管理しよう！

夫婦の
ライフプランを
共有にしよう

お金の貯まる夫婦は、毎月の生活費など、家計の支出を「共通の財布型」で管理します。共通の財布型では、**お互いの収入から決められた額を出してひとつの財布にまとめ、生活費や固定費を支払います。**お金の流れが「見える化」しやすいのがメリットです。

夫婦の収入に差がある場合は、「夫6：妻4」などと、共通の財布に入れる金額の配分を変えます。残った分はおこづかいにすれば、自由に使えるお金も多くなります。

一方、お金の貯まらない夫婦は、夫婦それぞれの財布で家計を管理する「**それぞれの財布型**」が多いようです。

それぞれの財布型は、家計管理の意識が希薄になり、ムダづかいも多くなりがちです。夫婦間で毎月の収入や支出、さらには将来のライフプランが共有できていないと、お金の使い方をめぐって問題に発展しかねません。まずは、**お金のことを相談しあえる関係を築くことが大切です。**

お金のこと、夫婦で相談できますか？

● 夫婦のお金4つの管理方法

おすすめ！

共通の財布型①	共通の財布型②
夫 妻 → 🖩 ← お 生 固 貯 お	夫 お 妻 お → 🖩 ← 生 固 貯
夫婦の収入を全額共通の財布に入れ、そこから固定費や生活費を支払う。おこづかいや貯蓄もすべて共通の財布から出す	夫婦の収入を一定割合で共通の財布に入れ、そこから固定費や生活費を支払い、貯蓄も行う。共通の財布に入れなかったお金はおこづかいにする
○ お金の流れが見える化しやすい × 収入差がある場合、自由に使えるお金が減るため不満になりやすい	○ 共通の財布型①より自由に使えるお金が多くなる ○ 家計のお金の動きもわかりやすい

それぞれの財布型	全額負担型
夫 妻 固 お 貯　生 お 貯	夫 妻 生 固 お 貯　お 貯
食費・光熱費・通信費など、支出の費目ごとに夫婦の担当を割り振り、それぞれ負担する。貯蓄も各自行う	夫婦共通の財布を作らず、収入の多い方が固定費や生活費全般をすべて負担。おこづかいや貯蓄も各自で管理
○ 自由に使えるお金が多い × 相手の貯蓄がわかりにくく、ムダ遣いも多くなりがち	○ 夫婦の収入に差がある場合は有効 × 収入の多い方の不満が大きくなりやすい

生 ＝生活費

固 ＝固定費

お ＝おこづかい

貯 ＝貯蓄

これから家計管理をスタートする場合も、すでに家計管理をしている場合も、できるだけ共通財布でおこづかい以外を管理する形式に変えていくのがおすすめです！

Q 子供名義の口座を作ろうと思うのですが、注意点はありますか?

A 贈与税や相続税がかかる場合もあるので注意!

贈与税の対象になる可能性が…

　子供名義の口座は、子供のお金の準備や金銭教育に活用できるメリットがありますが、注意点もあります。

　子供が未成年の時は、親が子供の名義の口座を開設したり、入出金したりできます。しかし、**18歳を迎えて成人すると原則として子供自身しか手続きできなくなります**。

　また、**子供名義の預金は贈与税の対象になる場合があります**。学費などが一定金額まで非課税で贈与できる「教育資金贈与」や、年間110万円以下の贈与が非課税となる「暦年贈与」を利用すれば贈与税を非課税にできます。

　子供が子供名義の口座の存在を知らない場合、**将来同じ銀行で口座を開けなかったり、相続税がかかったり**するケースが。子供名義の口座の存在は、早くから子供に知らせましょう。

　10年間まったく取引がない口座は**休眠口座扱い**となり、引き出しに手間がかかることも覚えておきましょう。

注意点を確認したうえで口座開設しよう

● 子供名義の口座 5つの注意点

①子供が成人したら原則として本人しか手続きできない	未成年のうちは親が子供名義の口座を口座開設・入出金できるが、成人するとできなくなる
②贈与税の対象になる場合がある	子供自身が通帳や印鑑を管理していない場合、贈与税の課税対象になることも
③相続税の対象になる場合がある	子供が口座の存在を知らなければ贈与にはならず「相続財産」になる可能性がある
④長期間使用しないと休眠口座になる	10年間取引のない口座は休眠口座に。休眠口座になってもお金は引き出せるが手間と時間がかかる
⑤内緒にしておくと同じ銀行で子供が口座開設できない	子供が新規に口座を作りたくても、「すでに口座がある」と断られる可能性が高い

● 子供名義の口座にかかる贈与税は?

贈与税の速算表（一般税率）

基礎控除後の課税価格	税率	控除額
200万円以下	10%	―
300万円以下	15%	10万円
400万円以下	20%	25万円
600万円以下	30%	65万円
1000万円以下	40%	125万円
1500万円以下	45%	175万円
3000万円以下	50%	250万円
3000万円超	55%	400万円

贈与額から110万円（基礎控除）を引いた
残りの金額に税率をかけて贈与税額を計算

贈与税がかかる
見落としは意外と多い！

 例　親が子供にお祝いで
200万円を贈与した場合

課税価格：200万円－110万円＝90万円
贈与税額：90万円×10%＝9万円

【出典一覧】

各ページで出典の記載のないものは、以下を基に作成しています。

- ゼクシィ「結婚トレンド調査2022」…… P17
- 厚生労働省「厚生労働省保険局「出産費用（正常分娩の場合）」（2019年度）」…… P17
- 住宅金融支援機構「2021年度 フラット35利用者調査」…… P17
- 文部科学省「子供の学習費調査（令和3年度）」「私立大学等の令和3年度入学者に係る学生納付金等調査結果について」…… P17
- 総務省統計局「家計調査報告」（2022年）…… P17
- 生命保険文化センター「生命保険に関する全国実態調査」（2021年度）…… P17
- 金融庁「家計の金融行動に関する世論調査」（2022年）…… P19
- 国税庁「民間給与実態統計調査結果」…… P21
- 厚生労働省「就労条件総合調査」…… P23
- 内閣官房「退職手当の支給状況」…… P23
- 総務省「小売物価統計調査」…… P25

著者紹介

頼藤 太希（よりふじ たいき）

株式会社Money＆You代表取締役。中央大学客員講師。慶應義塾大学経済学部卒業後、アメリカンファミリー生命保険会社にて資産運用リスク管理業務に6年間従事。2015年に株式会社Money＆Youを創業し、現職へ。『定年後ずっと困らないお金の話』（大和書房）、『そのままやるだけ！お金超入門』（ダイヤモンド社）、『1日5分で、お金持ち』（クロスメディア・パブリッシング）など著書多数。日本証券アナリスト協会検定会員。ファイナンシャルプランナー（AFP）。

● twitter → @yorifujitaiki

高山 一恵（たかやま かずえ）

株式会社Money＆You取締役。慶應義塾大学文学部卒業。2005年に女性向けFPオフィス、株式会社エフピーウーマンを創業、10年間取締役を務め退任。その後、株式会社Money＆Youの取締役へ就任。講演、執筆、相談業務を行ない、女性の人生に不可欠なお金の知識を伝えている。『11歳から親子で考えるお金の教科書』（日経BP）、『マンガと図解 はじめての資産運用』（宝島社）、『はじめてのNISA＆iDeCo』（成美堂出版）など著書多数。ファイナンシャルプランナー（CFP）。

● twitter → @takayamakazue

| お金の情報発信中!! | ・Mocha:fpcafe.jp/mocha
・YouTubeチャンネル『Money＆YouTV』
・Podcast番組『マネラジ。』
・Voicy『1日5分でお金持ちラジオ』 |

【主な作品一覧】

『11歳から親子で考えるお金の教科書』(日経BP)

『マンガと図解 定年前後のお金の教科書』(宝島社)

『1日1分読むだけで身につくお金大全100 大型版』(自由国民社)

『定年後ずっと困らないお金の話』(大和書房)

『1日1分読むだけで身につくお金大全100』(自由国民社)

『はじめてのFIRE』(宝島社)

『はじめてのお金の基本』(成美堂出版)

『2022最新版 投資信託 勝ちたいならこの5本!』(河出書房新社)

『やってみたらこんなにおトク! 税制優遇のおいしいいただき方[第3版]』(きんざい)

『そのままやるだけ! お金超入門』(ダイヤモンド)

『マンガと図解 はじめての資産運用』(宝島社)

『1日5分で、お金持ち』(クロスメディア・パブリッシング)

『はじめてのNISA&iDeCo』(成美堂出版)

『ゼロから始めて2時間で一生困らないマネープランができる本』(彩図社)

『SNS時代に自分の価値を最大化する方法』(河出書房新社)

『入門 仮想通貨のしくみ』(日本実業出版社)

『一番わかる 確定拠出年金の基本のき 改訂版』(standards)

『投資信託 勝ちたいならこの7本!』(河出書房新社)

『3000円を積み立てる仮想通貨入門』(standards)

『つみたてNISAでお金は勝手に増えていく!』(standards)

『1000万円貯まる お金の増やし方入門』(ブティック社)

『マンガでわかる! iDeCoのはじめ方 ライバルはイデ子!?』(きんざい)

『年収400万円からの不動産投資で着実に稼ぐ秘訣』(河出書房新社)

『一番わかる 確定拠出年金の基本のき』(スタンダーズ)

『税金を減らしてお金持ちになるすごい! 方法』(河出書房新社)

『年利20%の最強マネー術』(河出書房新社)

『パートナーに左右されない自分軸足マネープラン』(日本法令)

『35歳までにはぜったい知っておきたい お金のきほん』(アスペクト)

【監修一覧】

『史上最強のFP2級AFP問題集 22-23年版』(ナツメ社)

『史上最強のFP3級問題集 22-23年版』(ナツメ社)

『史上最強のFP2級AFPテキスト 22-23年版』(ナツメ社)

『史上最強のFP3級テキスト 22-23年版』(ナツメ社)

『いちからわかる! FIRE入門 積立投資で目指す 早期リタイア術』(インプレス)

『月5000円からはじめる 最新! ほったらかし投資』(宝島社)

『投資大全 黄金のルール』(エイ出版)

『人気FPが教える! 稼げるスマホ株投資』(standards)

『人生100年時代! 月5000円から始める 50代からのお金の増やし方』(宝島社)

『1000円から増やす積み立て投資術』(standards)

『お金の新情報』(standards)

1日1分 読むだけで身につく **お金大全 100** 改訂版

2022年1月12日　初版第1刷発行
2023年10月31日　改訂版第2刷発行

著者	頼藤太希・高山一恵
執筆協力	畠山 憲一（株式会社Money&You）
編集協力	板倉 義和
装丁・組版	テラカワ アキヒロ（Design Office TERRA）
イラスト	和全（Studio Wazen）
編集	三田 智朗
発行者	石井 悟
発行所	株式会社 自由国民社
	〒171-0033 東京都豊島区高田3-10-11
	営業部／TEL：03-6233-0781
	編集部／TEL：03-6233-0786
印刷所	大日本印刷株式会社
製本所	新風製本株式会社